奥地利学派经济学经典译丛

上海市“十二五”重点图书

骑虎难下

通货膨胀的凯恩斯主义遗产

（原书第三版）

［英］弗里德里希·A. 冯·哈耶克（Friedrich A. von Hayek） 著

［印］苏达·R. 谢诺伊（Sudha R. Shenoy） 编

熊 越 译

上海财经大学出版社
SHANGHAI UNIVERSITY OF FINANCE & ECONOMICS PRESS

本书由上海文化发展基金会图书出版专项基金资助出版

图书在版编目(CIP)数据

骑虎难下:通货膨胀的凯恩斯主义遗产:原书第三版/(英)弗里德里希·A.冯·哈耶克(Friedrich A. von Hayek)著;(印)苏达·R.谢诺伊(Sudha R. Shenoy)编;熊越译. —上海:上海财经大学出版社,2024.5
(奥地利学派经济学经典译丛)
书名原文:A Tiger by the Tail:The Keynesian Legacy of Inflation
ISBN 978-7-5642-4248-0/F·4248

Ⅰ.①骑…　Ⅱ.①弗…②苏…③熊…　Ⅲ.①奥地利学派-经济学-研究 ②哈耶克(Hayek,Friedrick August von 1899—1992)-经济思想-研究　Ⅳ.①F091.343②F091.352.2

中国国家版本馆 CIP 数据核字(2023)第 193968 号

□责任编辑　吴晓群
□封面设计　张克瑶

骑虎难下
——通货膨胀的凯恩斯主义遗产
(原书第三版)

［英］弗里德里希·A.冯·哈耶克 (Friedrich A. von Hayek) 著
［印］苏达·R.谢诺伊 (Sudha R. Shenoy) 编
熊　越 译

上海财经大学出版社出版发行
(上海市中山北一路 369 号　邮编 200083)
网　　址:http://www.sufep.com
电子邮箱:webmaster @ sufep.com
全国新华书店经销
上海颛辉印刷厂有限公司印刷装订
2024 年 5 月第 1 版　2024 年 5 月第 1 次印刷

700mm×960mm　1/16　12.75 印张(插页:2)　142 千字
定价:56.00 元

图字:09-2024-0191 号

A Tiger by the Tail

F. A. Hayek

致　谢

感谢劳特里奇出版社（Routledge）、开根·保罗出版社（Kegan Paul）、《经济期刊》（*The Economic Journal*）的编辑们以及哈耶克教授允许我们重新加工这些摘录和文章。

——编辑

总 序
——“人的行动”的经济学

奥地利学派经济学的理论体系非常丰富，它涵盖了方法论、经济理论、政治哲学等诸多领域，它既有理论，也有政策，是真正的跨学科。也许正是因为其理论体系的丰富性，不少人会产生这样一种印象，即奥地利学派经济学是支离破碎的，各个理论相互之间缺少关联。为了纠正这种不正确的看法，本文将以这套丛书的主题，即利息、时间、资本理论与商业周期理论为例，说明奥地利学派经济学的整体性。把奥地利学派经济学的各种具体理论一环一环地扣在一起的是“人的行动”思想，“人的行动”贯穿了奥地利学派经济学的整个理论体系，它不仅是奥地利学派理论体系的基础，而且是奥地利学派经济学区别于其他经济学派的独特之处。

一、“人的行动”贯穿了利息、时间与资本结构思想

奥地利学派经济学明确指出，利息源于人的时间偏好。利息

产生的唯一原因是人们有“正的时间偏好”，即人们对于当前在手的物品的评价要高于未来才能到手的同一物品。也就是说，人们对于一件未来的物品，在现在评价时，其价值要低于在未来某个时刻的评价。因此，利息可以看作现在与未来“交换”的产物。由于任何生产都要花费时间，因此生产者、资源所有者和消费者在做出市场决策时都必须考虑利率现象。如庞巴维克所说，人们往往“低估未来”，对同一物品，人们偏好现在的物品而不是未来的物品，“现在物品通常比同种类、同数量的未来物品具有较高的主观价值。由于主观评价的结果决定客观交换价值，因此现在物品通常比同种类、同数量的未来物品具有更高的交换价值和价格”〔1〕。由于人们对同一物品的现在价值与未来价值的评价是不同的，因此，“不管什么社会组织和法律制度，只要有现在物品和未来物品相交换的场合，利息总是会出现的”〔2〕。由于利息是时间偏好的产物，因此利息是不可能消除的。

在利息问题上一个容易犯的错误是认为利息源于“生产力”，由于资本的使用提高了生产力，因此贷款人要给借款人一个回报，利息就是使用资金的回报，或者说“剩余价值的一部分”。对此，米塞斯予以明确否认。他说，通过延长生产时期能增加单位投入的产出数量，或生产那些短时期内根本不能生产的产品。但是并不能因此认为这样增加的财富价值就是利息的来源。〔3〕在米塞斯看来，“利率”纯粹是“时间”现象，与资本或资本品没有关系，尽管

〔1〕 庞巴维克. 资本实证论[M]. 陈端，译. 北京：商务印书馆，1981：253.

〔2〕 庞巴维克. 资本实证论[M]. 陈端，译. 北京：商务印书馆，1981：262.

〔3〕 Mises, L., Von(1949), *Human Action: A Treatise on Economics*. Third Revised Edition. Fox&Wilkes San Francisco. 1966, pp. 526－527.

利率很典型地出现在使用资本的世界中，但利率绝非资本的生产力回报。“利率”与“生产”的关系不是资本的生产“产生”了利率，而是由于任何生产都要花费时间，因此生产者、资源所有者和消费者在做出市场决策时都必须考虑利率现象。

“时间偏好”属于“人的行动”范畴，不属于“心理”范畴。米塞斯从其“人类行为经济学”方法出发，认为，虽然庞巴维克意识到人类的“时间偏好”是普遍存在的，但庞巴维克的“时间偏好”论是建立在“心理”考虑之上的，而“心理因素”不能证明“时间偏好”规律在任何时候、任何场合都能适用。[1]

要正确地理解利息，就必须正确地理解时间。“时间偏好”中的“时间”不是“平均生产时间”，而是一个属于“行动学”范畴的概念。“生产时期”在行为中扮演的角色完全存在于行为人在不同长度的生产时期之间的“选择”，“生产时期”是由选择构成的，物理意义上的生产时期长短在米塞斯看来并没有多大的意义。庞巴维克之所以在利息问题上表现出折中的“二元论”，一个重要的原因是他没有认识到时间的“行为学”性质，而是把时间理解为“平均生产时间”，这导致他一方面认为利息源于“时间偏好”，另一方面又认为利息源于“生产力”。

利息是资本的价格，利息又源于时间偏好。对时间的认识，决定了对资本的认识。我们同意哈耶克的观点：“资本问题实际上是个时间问题。”哈耶克指出，“时期”不是单维的。在他看来，不同要素具有不同的投资时期；如果用单个时间维度，如“平均生产时期”

---

〔1〕 Mises. ,L. ,Von(1949),*Human Action*:*A Treatise on Economics*. Third Revised Edition. Fox&Wilkes San Francisco. 1966,p. 485.

去描述这些各异的投资时期，是不可取也是不能允许的。[1] 哈耶克在这点上可谓一针见血。以生产眼镜为例，假如生产镜架的时间是 2 天，生产玻璃片的时间是 1 天，我们可以说生产眼镜的“平均时间”是 1.5 天吗？显然不能，如哈耶克所指出的，这个“平均时间”没有意义。哈耶克正确地指出，社会生产是相互联系的，“生产时期”是多维度的矢量，不同产品的“生产时期”不能加总测量，不能“平均化”，社会的“平均生产时期”不能说明什么问题，也不能进行比较。“单一的生产时期”或“平均的生产时期”等是没有意义的抽象概念，因为这些概念与真实世界没有多少联系。“平均生产时间”的概念导致了资本的“基金论”，因为时间可以平均，资本必然就被看作是能够自动地自我复制、保持或扩大自身规模的“基金”。而按照奈特的资本“基金论”，资本一旦存在，就能自发地进行再生，所有资本都是概念上的、永续的，资本的替代是理所当然的。

以奈特和克拉克等人为代表的新古典经济学的资本理论是“基金论”。在“基金论”中，资本是没有“时间”内涵的，因为生产、分配、交换和消费在新古典经济学的模型中是同时发生的。不同于“平均生产时间”，米塞斯与拉赫曼等人采用的是“个人”的与“主观”的时间。在这种“主观的”时间观的基础上，奥地利学派经济学家认为资本是“结构的”，他们提出的资本结构论迥异于新古典经济学的资本基金论。人们一般只看到资本的总量，而忽视资本的结构，实际上资本“结构”的变化远比“量”的变化重要，“总资产值的变化是我们衡量成功的标准，但它不能告诉我们发生了什么事和为什么会发生，就如同温度计不能告诉我们病人是患有疟疾还

---

〔1〕 Hayek, F. A. (1936), The Mythology of Capital. *Quarterly Journal of Economics*. 50. pp. 199—228. p. 206.

是流感”[1]。

奥地利学派经济学在研究资本时把目光聚焦于人的行动，而非资本品，并且认为资本必然与个体的计划或预期联系在一起。如哈耶克就认为，资本理论的基础应该是“个体的决策”[2]。资本品“没有用”，并不是因为失去物理用途，而是不再进入计划。“结构”的含义即资本必然表现出特定形式的复杂关系。[3] 资本有不同的功能，必须结合使用，计划的改变将改变资本的结构(组合)，原来的结构将不复存在。不同人有不同的计划，资本在“计划中”得到使用，资本只有进入一个生产计划，参与一个生产过程，才产生互补性；[4]当计划被修改时将产生替代效应，原先有用的资本将被剔除、被替代。因此，在给定的计划下说互补性才有意义，而新古典经济理论在讨论“互补效应”时不涉及当事人的计划，认为互补性就如同磁带和录音机之间的关系那么客观。

凯恩斯的理论中没有“个体的计划”，因此也就没有资本结构的思想，在他看来，“新的资本组合出现在原来的资本组合中，而不会对原先的有所改变”[5]。这一论述与现实不符，这也是哈耶克说凯恩斯缺少资本理论的原因。不同的资本结构会产生不同的服务流，而同样的资本品在不同的结构中也会产生完全不同的服务流。即便是在资本品构成不变的情况下，企业家计划的改变也会

---

〔1〕 Lachmann, L. M., *Capital and Its Structure*. Sheed Andrews and McMEEL, Inc. 1978, p. 36.

〔2〕 Lachmann, L. M. (1982), The Salvage of Ideas: Problems of the Revival of Austrian Economic Thought. In Littlechild, S Austrian Economics. Vol. Ⅲ. Edward Elgar. 1990, p. 338.

〔3〕 Lachmann, L. M., *Capital and Its Structure*. Sheed Andrews and McMEEL, Inc. 1978, p. 59.

〔4〕 Lachmann, L. M., *Capital and Its Structure*. Sheed Andrews and McMEEL, Inc. 1978, p. 56.

〔5〕 Lachmann, L. M., *Capital and Its Structure*. Sheed Andrews and McMEEL, Inc. 1978, p. 58.

导致资本结构的重组。一个明显的证据是：在资本市场上，当一个企业宣布某项计划时，股价就会发生变化。每个企业都在尽可能地优化其资本结构，有可能是扩张，如阿里巴巴最近进行的并购，也有可能是缩减，如海尔最近宣布的裁员。如果仅仅考察一个社会资本“量”的变化，而不去考虑资本“结构”的变化，那显然是片面的。事实上，根据资本结构理论，资本不能简化为“量”并用“量”去描述。

套用哈姆雷特的话，资本是“量”还是“结构”，这是一个问题。主流经济学的一些理论，特别是经济增长理论，就是把资本当作“量”来考虑的，假如人们意识到资本不是“量”而是“结构”，那么我们就会认识到这种增长理论的基础存在缺陷。显然，我们更应该关注资本结构问题。如克莱因所说，“现代经济所面临的关键问题是资本结构问题，即资本应该怎样分配于各种经济活动中”。〔1〕资本结构理论有着巨大的应用前景，它的价值显然还没有被充分认识。下面谈谈它与商业周期理论的关系。

二、商业周期与资本结构的混乱

根据资本结构理论，企业家改变计划，资本结构也会随之改变，如果企业家的计划错乱，就会导致资本结构紊乱；如果企业家的计划普遍发生错误，那么资本结构将出现严重混乱，其外在的表现就是“商业周期”。奥地利学派经济学家也用“生产结构”的扭曲来说明商业周期，但“生产结构”这个概念的主观主义色彩不如“资本结构”那样鲜明，因此，用资本结构的混乱来说明商业周期更能体现奥地利学派经济学的特点。那么企业家制定计划时为什么会

〔1〕 Peter Klein(2010), *The Capitalist and the Entrepreneur: Essays on Organizations and Markets*, Ludwig Von Mises Institute, p. 11.

普遍地发生错误从而导致商业周期呢？原因在于政府对市场的干预，尤其是对货币和银行体系的干预，从而使市场信号失去应有的功能。在奥地利学派经济学家看来，商业周期不是市场本身的问题，而是政府干预、扭曲货币、银行这些重要的市场制度所导致的。这些制度本应该是市场自发形成的，但由于政府的干预，这些制度失去了原有的功能。德索托教授的《货币、银行信贷与经济周期》一书正是以米塞斯的货币和银行理论为基础，从货币制度和银行制度两个方面，对奥地利学派的经济周期理论做了全面阐述的著作。

人们往往把"货币"(money)与"通货"(currency)相混淆，在日常生活中使用的"货币"是政府发行的纸币，但纸币其实是"通货"，不是真正的货币。货币的本质是黄金，而通货是政府发行的信用媒介(法币)，与黄金没有关系，它只是一个符号，甚至是一个数字，本身没有价值。政府发行的通货取代货币，是发生商业周期的根本原因之一。

米塞斯认为，"信用媒介"是一种没有黄金储备做后盾的货币。在商品流通中，信用媒介与货币具有相同的功能，但信用媒介更容易扩张，这种信用媒介的扩张会导致市场利率系统性地低于自然利率，或者说信用媒介没有扩张时的利率，低利率将刺激企业家扩大生产，出现上文说的"企业家计划的普遍错误"，导致生产结构(资本结构)的变化不符合消费者的跨期偏好。企业家将投资在被人为压低了的利率下看似具有"营利性"的项目，生产规模的扩大意味着对生产资料和劳动力的需求增加。但是生产资料和劳动力的数量没有增加，增加的只是信用媒介。投入新企业的生产资料和劳动力，必然要以其他企业中生产资料和劳动力的减少为代价，这就意味着生产资料价格和工资的上涨，进而导致消费品价格的上涨，造成了繁荣的假象。

但是，这个繁荣的势头不可能一直维持下去，“市场参与者会意识到没有足够的储蓄去满足所有的新投资项目；当所有的这些不良投资被发现并清偿时，这种虚假繁荣的泡沫就破裂了”〔1〕。如罗斯巴德指出的，生产过程总是比货币的流通过程更长，在生产过程完成之前，物价就已经上涨了，物价的上涨导致企业生产成本提高，企业的利润被侵蚀，那些在信用扩张（低利率）的情况下看似具有盈利能力的项目就不再是盈利的项目，而是投资失误了。一旦银行为防止货币体系的崩溃而采取措施终止信用的扩张，一些企业就不得不缩减生产规模，而另一些企业将关门甚至破产。

在信用扩张的情况下，一方面，在远离消费品的一端出现产能过剩；另一方面，在靠近消费品的一端，由于土地、劳动力和资本等要素的价格上涨，企业的利润下降，即使企业提高消费品价格，可能也不足以弥补要素价格的上涨。这种情况一般被称为“生产结构的扭曲”，但我们更愿意称之为“资本结构的混乱”。

吊诡的是，在信用扩张的过程中，一边是货币供应量大幅增加，另一边却出现“钱荒”，即企业的融资成本反而更高了。这是为什么？原因在于，信用扩张促进资产（尤其是房地产）价格上涨，大量的信贷资金流入投机性的领域，追逐实体经济中难以获得的利润。在这种情况下，市场的借贷利率提高了，对需要资金的企业来说，市场利率的提高就意味着需要支付比原先更高的融资成本。“货币数量论”难以解释这一现象，因为根据该理论，可以用多印钞票的办法解决“钱荒”问题，但这一办法显然是饮鸩止渴。

信用扩张也与银行制度的扭曲有关。银行制度的扭曲，集中表现在“中央银行”和“部分储备的银行制度”上。“部分储备的银行制度”是指银行的贷款并没有黄金和储户自愿的储蓄做后盾，或

---

〔1〕 Peter Klein(2010), *The Capitalist and the Entrepreneur: Essays on Organizations and Markets*, Ludwig Von Mises Institute, p. 182.

者说银行把储户的活期存款都贷出去了。储户(尤其是指活期存款的储户)把资金放在银行里是为了获得安全和随时提取的便利，储户有随时把资金提取出来的权利，银行在未经储户许可的情况下私自将这部分资金贷放出去，不可避免地造成重复支付问题，并且显然是侵害了储户的财产权，剥夺了该储户存款的一部分购买力，也违背了货币本质上是黄金的原则，“部分储备的银行制度”实际上是违背私法的行为。

“部分储备的银行制度”非法地扩张了信用，银行也正是利用储户不会集中提取存款来获利的。假如储户都向银行提取存款，银行必然破产，但是在没有信用危机的情况下，这种情况一般不会发生。这种银行制度之所以能长期存在，一个重要原因是中央银行为它提供了保障，更准确地说，商业银行从中央银行那里获得了以部分储备就可以实施信贷扩张的“特权”。那么为什么政府要给银行特权呢？答案在于政府和银行之间存在互利关系：政府可以利用银行发债，或通过其他方式进行信用扩张，解决自己的财政困难而不必求助于税收；而银行在信贷扩张中多“销售”了本不存在的货币，获得了巨大的利益，而且不用承担信用扩张的风险，因为所有的风险都可以让中央银行承担。正是政府在背后的怂恿，让银行堂而皇之地践踏私法，破坏市场经济正常运转所必不可少的财产权。

如米塞斯在《人的行为》中早已论述的，如果政府从未为某些特殊银行的利益而采取干涉行动，如果政府从未解除某些银行遵照契约清偿债务的义务(在市场经济中，这是所有个人和所有商号必须履行的义务)，就不会有什么银行问题出现。每个银行对于自己的偿付能力的考虑，就可以使它不得不小心谨慎而不敢过分发行信用媒介，否则就会破产。但如果有了中央银行，情况就不同了——有了中央银行这个依靠，商业银行就会肆无忌惮地扩张信用。

可见，用于交易的媒介只能是真正的货币，企业家投资的资金只能来自自愿的储蓄，即可转作生产资源的真实消费品的节约，而不是信贷扩张产生的货币资金。然而，在政府干预货币和银行体系之后，出现了两个“没有支持”：作为交易媒介的法币没有黄金支持；用于投资的信贷没有真实的生产资源支持。

三、干预主义者的理论中没有“人的行动”这一因素

门格尔早就指出，货币和语言一样，是在历史中自发形成的。而经济危机的根源就在于政府对传统法律原则和产权制度的破坏，使货币制度和银行制度失去其应有的协调功能，导致企业家在制定计划时普遍发生错误，致使资本结构出现普遍的混乱，因此可以把经济危机问题归为“人的行动”问题；从另一方面看，忽视“人的行动”，或者说在理论体系中排除“人的行动”，也正是干预主义理论谬误的根源。

在干预主义的理论体系中没有“人的行动”这一因素，这一点在价格理论中有明显的体现。对价格有两种理解：一种认为价格包含了无数个体的知识（观念、预期和判断），价格反映、传递和整合不同人的知识，将知识从一个角落传递到另一个角落。这个传递知识的过程也是协调不同人的行动，使经济成为一个整体的过程，也就是拉赫曼所说的“使分散的计划趋向一致”[1]。与之相反，干预主义者则把价格当作参数，认为价格可以人为地予以调整，是实现干预者预想的均衡（市场出清或最大化）的工具，在这种理论体系中，知识被视为给定的技术和偏好，在做出这样的假定之后，剩下的问题就是求解实现均衡的价格。干预主义者没有看到

---

〔1〕 Lachmann, L. M. , *Capital and Its Structure*. Sheed Andrews and McMEEL, Inc. 1978, p. 61.

价格是在人的行动过程中自发形成的,“这种最适合现代文明的价格体系乃是通过某种奇迹而自发形成的”[1],“价格机制并不是人之设计的产物”[2]。德索托也指出,“价格不是人们要去适应的给定物。相反,正是不断行动的人,创造价格并调整它们”[3]。

不难发现,对于价格,凯恩斯正是采取了后面这种理解。在他的理论中,只有设定价格参数的“干预者”,并没有作为市场参与者的“行动人”。也就是说,凯恩斯所犯的错误与兰格等人所犯的错误在本质上是一样的,都把价格设想为参数,是干预者可以任意调节的工具,他们没有看到,市场价格是“行动人”的产物,是所有市场主体共同创造出来的。凯恩斯创立了宏观经济学,但使用的还是新古典经济学的均衡分析框架,“新瓶装旧酒”,他无非用“充分就业”代替了新古典经济学的“市场出清”。在继承新古典方法的凯恩斯主义的理论体系中,个体不是“行动人”,是没有学习能力的,市场是干预者可以调节的机器,诚如拉赫曼所说,“凯恩斯并不懂得市场是人们交换知识的制度”[4]。

本套丛书侧重奥地利学派经济学的货币、资本、利息、商业周期、私有产权、市场组织与企业家才能等方面,对这些主题的研究是奥地利学派经济学的“拳头产品”。这些主题之所以重要,是因为如果我们想了解真实世界的经济运行,就不可避免地要从这些主题入手。换言之,我们无法逃避这些主题,它们是必不可少的理论工具。并且,相比其他经济学派而言,奥地利学派经济学在这些

---

〔1〕 哈耶克. 个人主义与经济秩序[M]. 邓正来,译. 北京:生活·读书·新知三联书店,2003:132.

〔2〕 哈耶克. 个人主义与经济秩序[M]. 邓正来,译. 北京:生活·读书·新知三联书店,2003:131.

〔3〕 赫苏斯·韦尔塔·德索托. 社会主义:经济计算与企业家才能[M]. 朱海就,译. 长春:吉林出版集团有限责任公司,2010:248.

〔4〕 Lachmann, L. M. ,*Capital and Its Structure*. Sheed Andrews and McMEEL, Inc. 1978, p. 70.

主题上所做的研究是最深入、最有说服力的。例如，奥地利学派的商业周期理论不仅有坚实的理论基础和缜密的逻辑，而且在现实中已经得到反复的验证，因此备受人们的推崇。对任何一位试图了解经济世界运行奥秘的人来说，本套丛书都是必读的佳作。

朱海就

2017 年 7 月 3 日于杭州

目　录

摘录和文章指南

（Ⅱ～Ⅷ）

F. A. 哈耶克（F. A. Hayek）：

《价格与生产》

（*Prices and Production*，1931）

《货币国家主义与国际稳定》

（*Monetary Nationalism and International Stability*，1937）

《资本的纯理论》

（*The Pure Theory of Capital*，1941）

《商品储备通货》

［"A Commodity Reserve Currency"，*Economic Journal*（1943）］

《哲学、政治学与经济学研究》

（*Studies in Philosophy*，*Politics and Economics*，1967）

《自由宪章》

（*The Constitution of Liberty*，1960）

《对凯恩斯的个人回忆与"凯恩斯革命"》

[“Personal Recollections of Keynes and the ‘Keynesian Revolution’”, *The Oriental Economist* (1966)]

《作为一种发现过程的竞争》

[“Competition as a Discovery Procedure”, *New Studies in Philosophy, Politics and Economics* (1978)]

《加拉加斯会议讲话》

[“Caracas Conference Remarks”, Mont Pèlerin Conference (1969)]

《好的失业政策与坏的失业政策》

[“Good and Bad Unemployment Policies”, *Sunday Times* (1944)]

《充分就业幻觉》

[“Full Employment Illusions”, *Commercial & Financial Chronicle* (1946)]

《自由社会中的充分就业》

[“Full Employment in a Free Society”, *Fortune* (1945)]

J. M. 凯恩斯(J. M. Keynes)：

《国际价格稳定的目标》

[“The Objective of International Price Stability”, *Economic Journal* (1943)]

《凯恩斯勋爵的注释》

[“Note by Lord Keynes”, *Economic Journal* (1944)]

F. D. 格雷厄姆(F. D. Graham):

《凯恩斯与哈耶克论商品储备通货》

["Keynes vs. Hayek on a Commodity Reserve Currency", *Economic Journal*(1944)]

第三版序言

你现在手里拿着的这本小书是独一无二的。对一位主要思想家的思想，在经济学学科的出版作品中，它也许给出了最好的介绍。本书的独特之处在于，它收录了哈耶克四十多年来大量著作的选段和摘录。尽管本书覆盖面广泛，但其内容紧凑、连贯，无缝地整合了哈耶克著作中关于货币、资本、商业周期和国际货币体系的重要主题。此外，虽然它主要使用了哈耶克本人的话（其中一些来自他更为专业性的作品），但经过已故的苏达·R. 谢诺伊（Sudha R. Shenoy）的编辑和整理，不但能被外行和学生理解，也能让职业经济学家和教师从中获益。由于谢诺伊对 23 个独立摘录的精彩选择和整理，以及她自己对每一节富有启发性但绝不干扰阅读的介绍，本书自身就构成了一部著作，并为哈耶克的思想注入了新的洞见。实际上，它既是哈耶克的书，也是谢诺伊的书。

此外，出版这部经典的新版本也可谓正当其时。因为它不仅是对思想史的杰出贡献，而且是一本属于**我们**的时论集册。美国陷入官方承认的经济衰退已经有一年多的时间，而且不见尽头。

我们当前的衰退正迅速成为第二次世界大战后最漫长、最严峻的衰退。它已经进入了第 14 个月，超过了最近六次衰退的平均时长，并且正在迅速接近战后 16 个月的纪录。2008 年的就业人数净减少 260 万，是自 1945 年以来，就业人数绝对下降幅度最大的一次。仅 2008 年 12 月就有超 50 万名工人失业，失业率从 2008 年 11 月的 6.8%出人意料地飙升至 7.2%，为十六年来的最高水平。正在申请失业保险的美国人有 478 万，是自 1967 年(这一数据是从这时开始记录的)以来的最高纪录，也是自 1983 年以来占劳动力比例最高的一次。除了惨淡的就业情况之外，本月的平均工作时长下降至 33.3 小时，是 1964 年以来的最低水平，而兼职工作比上个月增加了 70 万个(约 10%)，这表明许多曾被视为正式雇用的兼职工人，要么先前从事的全职工作被终止，要么被他们的现任雇主从全职工作降为了兼职工作。除就业之外，表明经济衰退严重程度的其他指标显示，目前的经济衰退已经超过一般的衰退，包括工业生产、实际收入和零售销售。正如一位美联储经济学家所总结的那样，“主要的衰退指标倾向于支持这一说法，即本次衰退可能是过去四十年来最严重的”[1]。

事实上，一些经济学家和时事评论员正在用“萧条”这个可怕的词来描绘我们当前的困难，这让人想起长期、大规模失业的“幽灵”，萦绕于闲置工业产能和滞销原材料——这标志着 20 世纪 30 年代。对于大多数公认的专家和意见领袖来说，我们如何陷入目前的困境现在是一个并无实际意义的问题。每个人都在吵着要出

---

〔1〕 Charles Gascom, “The Current Recession: How Bad Is It?” Federal Reserve Bank of St. Louis Economic Synopses 4 (January 8, 2009): 2, *http://research.stlouisfed.org/publications/es/09/ES0904.pdf*.

路。一项涉及 7 000 亿美元的大规模政府救助(用于购买高风险资产及补贴陷入困境的金融服务和国内汽车公司)已经被证明在扭转甚至放缓经济紧缩方面效果极差——尽管它导致本财政年度的预计联邦预算赤字达到了惊人的 1.2 万亿美元。伴随着大量的赤字,美联储官方货币总量的通货膨胀率大幅上升,截至 2008 年 11 月,零期限货币(MZM)同比增长 10.1%,M2 同比增长 7.6%。推动这种货币通胀的是美联储把同期调整后的货币基数扩张了 76%,将目标联邦基金利率从 2007 年年中的 5.25%降至 2008 年年底的 0.25%以下。〔1〕

为了应对日益加深的经济危机,政客和他们的经济顾问正在提供更多相同的狗皮膏药——赤字支出和货币创造。奥巴马(Obama)总统正在推动一项耗资 8 000 亿美元的庞大项目,在两年内增加政府支出和减税,其中包括自第二次世界大战以来规模最大的公共工程项目。但这个"刺激计划"不过是在用一个新名字延续失败的金融救助计划。联邦政府将继续花钱,就像在岸上休假的醉酒水手一样。而且,正如伯南克(Bernanke)主席所指出的,美联储将通过创造货币来购买可以想象出来的各种资产,从而愉快

〔1〕 应该简要地指出,这与点燃和煽动不可持续的房地产突然繁荣的廉价货币政策相同。因此,从 1999 年 12 月到 2005 年 12 月,美联储将货币供应量(以零期限货币计)增加了约 2.5 万亿美元,增幅为 57%,折算下来的非复合年率为 9.5%。在同一时期,美联储的另一个货币总量 M2 增加了 2 万亿美元,约合 44%,非复合年率为 7.3%。这种大规模的货币通货膨胀自然伴随着利率的急剧下降,目标联邦基金利率从 2000 年底的 6.5%下降到 2003 年中期的 1.0%,并在该水平上维持了将近一年,然后在 3.0%以下一直保持了将近一年。抵押贷款利率随之急剧下降,其中三十年期常规固定抵押贷款的利率下降了 3 个百分点,从 2000 年中期的 8.52%下降到 2005 年中期的 5.58%。但这低估了由货币通胀引起的住房贷款市场的松动,也导致了信贷标准显著宽松的发展。本脚注和本文相关段落中的统计数据基于圣路易斯联邦储备银行经济研究部的数据,网址为 *http://research.stlouisfed.org/*。

地应对这种浪费和破坏性支出的狂欢。

粗糙、老式的凯恩斯主义因此大举回归。事实上，它从未真正离开过。尽管政府政策制定者、央行行长和他们的宏观经济顾问都在说，在过去的二十五年里他们精心研究和学习过如何部署复杂的“稳定政策”新工具，但在实际操作中，他们的工具房里完全只有又钝又旧的工具——赤字支出和廉价货币。就他们而言，通过放弃所有的学术矜持和礼仪，并强硬地宣传和支持早已名誉扫地的老式凯恩斯主义政策，学院派宏观经济学的要员们已经显露，其学科在智识上是彻底破产的，其形式模型是可笑而无意义的。在当前这场危机中，宏观经济学的当权者们令人惊诧地、膝跳反射式地诉诸过分简单化的凯恩斯主义补救措施，这相当于承认战后时代在理解商业周期的原因及对策上没有取得任何进展。这揭示了一个更深刻、更令人不寒而栗的事实：当代的稳定政策暗中建立在一个所有经济谬论中最古老、最天真的谬论之上，自 18 世纪中期以来，这一谬论已经被可靠的经济思想家们一再驳倒。这个谬论便是，货币支出总额与总就业和实际收入水平之间存在直接的因果关系。

在本书中，哈耶克一针见血地批评了以凯恩斯主义形式存在的这种谬误，并论证了以此为基础推行政策的可怕后果。但本书所包含的内容远远不止对错误理论和政策的批评，它还提供了药方，让我们从目前的**萧条**（是的，哈耶克总是直言不讳的那个人，他使用了这个禁忌词）中坚实而稳定地恢复过来。

简言之，哈耶克认为，所有萧条都涉及一种与需求模式不符的资源（特别是劳动力）分配模式，尤其是在高阶行业（大致为资本财货)和低阶行业(大致为消费者财货)之间。这种劳动力与需求的不匹配发生在之前的通胀性突然繁荣(boom)时期,是由货币和银行信贷扩张引起利率扭曲所导致的企业家错误的结果。更重要的是,任何通过赤字支出和廉价货币来治愈萧条的尝试,虽然可能暂时奏效,但都会加剧与对它们的需求有关的资源的错配,并只会推迟和延长不可避免的调整。凯恩斯主义者们并没有意识到这一点,原因在于哈耶克在凯恩斯的著作中识别出的一个隐含的假设。凯恩斯错误地假定,失业通常涉及所有生产阶段里所有种类的资源的闲置。从这个意义上讲,凯恩斯主义经济学忽略了实际资源稀缺这个重要因素,这是本科经济学原理课程中的驴桥定理[1]。在凯恩斯的过剩的虚幻世界中,总货币支出的增加确实会增加就业和实际收入,因为任何生产过程所需的所有资源都可以按当前价格以正确的比例提供。然而,正如哈耶克所表明的,在稀缺的现实世界中,未利用的资源将属于特定种类并处于特定行业,例如采矿业或钢铁制造业里的工会劳动力。在这种情况下,支出的增加将增加就业,但只能通过提高总体价格,并使其暂时有利可图——通过将这些闲置资源与已被利用的从其他行业中错误地转移出来的资源相结合——来重新利用它们。当生产成本再次赶上产出价格的上涨时,失业将再次出现,但这一次会由于额外资源的错配而更加严重。然后,政府和央行将再次面临允许失业还是扩大货币支出流的两难困境。这就为日益加快的货币通胀和价格通胀——夹杂着失业不断恶化的时期(如 20 世纪 70 年代和 80 年代初的大

---

〔1〕 驴桥定理(*pons asinorum*)是欧几里得几何中的一个定理,它是《几何原本》中出现的较困难的命题,是数学能力的一个门槛,也被称为“笨蛋的难关”,引申为对能力或了解程度的关键测试,它可以将了解的人与不了解的人区分开来。——译者注

通胀）——创造了条件。

哈耶克认为，对此的另一种选择是避免货币通胀，并允许未利用资源的价格自然地重新调低至在当前货币收入水平上可持续的水平。在这种情况下，未被利用的劳动力和其他资源将通过价格体系的引导，进入在当前货币支出水平上可持续的生产过程。因此，允许相对价格和工资率的市场调整，可确保资源利用结构与资源需求结构相协调。相反，总货币支出的膨胀会导致就业的短期增加，并且会导致资源的不当分配，对其不可避免的纠正会导致另一场萧条。只有通过加速通货膨胀来反复抵消相对价格的变化，才能推迟——但永远不能避免——这种纠正。

有些人否认哈耶克的分析，正如所有当代主流宏观经济学家和政策制定者所做的那样，并将促进不断增加的支出作为解决我们目前危机的灵丹妙药，他们活在过分简化的凯恩斯主义幻想之地——在那里真实资源的稀缺已被消除，并且货币和信贷的稀缺是经济活动的唯一制约因素。正如哈耶克所指出的，这些人配不上“经济学家”的名号：

> 我不禁考虑到，人们越来越将注意力集中在短期效应上（在这种情况下，相当于将注意力集中在纯粹的货币因素上），这不仅是一种严重而危险的智识错误，而且是一种对经济学家主要职责的背叛，一种对人类文明的严重威胁。在理解决定业务日常变化的各种力量方面，经济学家对于企业家不怎么理解的东西也许几乎没什么贡献。然而，人们过去常常认为，经济学家的职责和特权是研究和强调那些容易被未受过训练的人所忽视的长期影

响，并把对更直接影响的关注留给实操的人，他们无论如何只会看到后者，而看不到别的。[1]

最近的救助计划和预期的刺激方案，旨在将金融资产和房地产价值再度膨胀（reflating）至（市场价格的自由相互作用所决定的）与劳动力和其他资源的最佳分配不一致的水平。并且，如果有足够的货币和支出注入经济，这种政策就可能在一小段时间内冻结一些资源，并让另一些资源回到次优的利用，从而遏制或扭转我们目前的经济衰退。但是，这些支持用短期支出来保守治疗的人对未来的事情视而不见：渐进式通货膨胀在最终得到遏制时，其长期后遗症将导致一场更为严重的危机并急剧陷入萧条。

盛行的宏观经济学范式随着房地产泡沫的破裂而破裂。现代宏观经济学家们未能预见美联储在这十年的前半部分所采取的鲁莽的通胀性货币政策的风险。现在，他们完全无法一致地解释其在加剧影响全球经济的金融危机和衰退中的后果。相反，他们沦落到反射性地开出早已被废弃的凯恩斯主义"刺激"政策药方，即赤字支出和廉价货币——这必然导致漫长而痛苦的萧条。幸运的是，存在着这样一种对商业周期（关于泡沫、危机和萧条）的分析，它基于可靠的经济推理的悠久传统，将引导我们摆脱目前的困境，实现稳步和坚实的复苏。如果你想要了解这种分析，最好从仔细阅读《骑虎难下》开始。

——约瑟夫·T. 萨勒诺

(Joseph T. Salerno)

2009年1月

---

〔1〕 *The Pure Theory of Capital* (London: Routledge and Kegan Paul, 1953), p. 409；本文集第39页。

前　言

霍巴特平装本(*Hobart Paperbacks*)[1]的目的,是本着曾被称为"政治经济学"的精神[2]讨论那些影响经济观念转化为实际政策和政府活动经济学的影响。在第一次平装本里,W. H. 赫特(W. H. Hutt)教授考察了这一概念,即一些观念没有被接受,是因为它们被视为"在政治上不可能"。在第二次平装本里,塞缪尔·布里坦(Samuel Brittan)先生分析了自1970年6月以来英国政府经济政策的一致性。在第三次平装本里,W. R. 刘易斯(W. R. Lewis)先生分析了《罗马条约》想要的观念和政策与其在布鲁塞尔的解释者的表现之间的冲突。

约翰·梅纳德·凯恩斯(John Maynard Keynes)的著作或许更生动地说明了将经济思想转变为政府行动的过程。他是我们这个时代最有影响力的经济学家,他的观念对所有哲学派别的政府的影响,超过了其他任何经济学家。但尚不清楚他的著作的生存

---

〔1〕 本书第一版是"霍巴特平装书"丛书的第四种。——译者注

〔2〕 Professor T. W. Hutchison, *Markets and the Franchise*, Occasional Paper 10 (London: IEA, 1966).

期是否会比某些同时代作者的更长。也许没有哪个经济学家能像亚当·斯密（Adam Smith）那样，既对政府政策有早期影响，又对后世经济学家的思想有持久影响。政府采用经济观念的程度不一定反映其对基本经济真理的贡献。采用它们的原因可能是尊重它们表明的对经济运作的新洞见，也可能是犬儒的政治权宜之计。如果说确实一位先知在他自己的国家是没有荣誉的[1]，那也许是最造福人类的经济学家在他们自己的时代也是没有荣誉的。

凯恩斯的强大才智，其颇具说服力的写作，以及他将经济理论构想为政府行动具体内容的能力，不仅使他成为占主导地位的经济学家，而且减弱了某些经济学家从1936年2月出版的《就业、利息与货币通论》（以下简称《通论》）开始，甚至更早时期对凯恩斯的怀疑。尽管凯恩斯早在1945年就警告了他的一些变得“无聊又愚蠢”的追随者，并且他似乎在1946年从他认为的对“古典”经济思想的破坏中退缩了，但他的学说不仅继续主导着政府的经济思想，而且主导着经济学说。G. D. H. 科尔（G. D. H. Cole）曾经写过《马克思真正意味着什么》（*What Marx Really Meant*）一书。关于凯恩斯真正意味着什么，可能要争论很多年。一些经济学家从未接受凯恩斯主义体系，这其中不仅有A. C. 庇古（A. C. Pigou）、D. H. 罗伯特森（D. H. Robertson）和在剑桥的其他人，而且有知名度没那么高但顽强的W. H. 赫特。赫特在其出版于《通论》7个月后的《经济学家与公众》（*Economists and the Public*）里警告了《通论》的通胀性影响，并在其他几本应该比现在更广为人知的著作中，坚持认为凯恩斯的分析存在决定性的缺陷。

---

〔1〕 这个典故出自《约翰福音》4:44。——译者注

奥地利学者哈耶克这位杰出的批评者从未被凯恩斯的分析说服,他于 1936 年在伦敦经济学院任教,并且尽管他后来在美国、德国和他的祖国奥地利担任教职,但仍保留了其英国护照。

早在《通论》出版之前,哈耶克教授就写了一篇对凯恩斯 1930 年出版的《货币论》(*Treatise on Money*)的批评。在过去的四十年内,他都在定期撰文批评凯恩斯体系,尽管有一个阶段他退出了关于货币政策的辩论,因为他认为凯恩斯和凯恩斯主义者们并没有讨论他认为的主要方面。

第四次霍巴特平装本包括一系列文章,其中十七篇摘录来自哈耶克的著作和讲座,两篇来自凯恩斯,一篇来自普林斯顿大学的 F. D. 格雷厄姆(F. D. Graham)。主要在英国学习和工作的印度经济学家苏达 · R. 谢诺伊女士将上述文章汇集成册并逐一介绍。连同一篇撰写于 1971 年 7 月的论文,这些摘录构成了对哈耶克教授的著作的介绍,经济学家们可能希望重读这些著作,并且可能劝说其他人首次查阅这些著作。

哈耶克教授的著作促使人们反思,经济学家的工作不应该由政客甚至他当时的其他学者对他的注意来判断。为什么凯恩斯在他的时代如此有影响力,而哈耶克(以及其他经济学家)的保留意见却被忽略了呢? 为什么凯恩斯主导经济学说这么长时间? 凯恩斯主义在多大程度上应该对默许战后通货膨胀负责? 许多经济学家对凯恩斯的疑虑现在是否反映在了政府的思想中? 税收是否仍被视为通缩性的,正如凯恩斯所教导的那样,还是最终被视为高税率和对收益的大额扣减是通胀性的? 凯恩斯主义对宏观经济学的强调,是否会分散对源自微观经济学的相对价格和成本的结构的关注?

本平装本是为了重新思考20世纪70年代的凯恩斯主义,适用于经济学专业的师生、政府里的政策制定者、指导或误导他们的公务员,以及有时关心时髦多于经济思想基本原理的新闻工作者。

——亚瑟·塞尔登

(Arthur Seldon)

1971年10月

第二版序言

通过提醒经济学家、新闻界和公众，四十年来哈耶克教授对凯恩斯主义经济学的批评是一致的、持续的，并且最终被证明为正确的，《骑虎难下》的第一版产生了几乎立竿见影的影响。这些由苏达·R.谢诺伊女士整理的摘录，清楚而具体地介绍了自与凯恩斯的早期分歧以来哈耶克教授的篇幅较长的著作。

本书第一版出版于1972年，重印于1973年。自第一版出版以来，对凯恩斯主义分析的疑虑，以及追随凯恩斯的经济学家们对其接受的程度一直在与日俱增，并且，听取哈耶克教授的批评的意愿也随之增加。他的总体工作——或许是姗姗来迟了——在1974年得到了诺贝尔经济学奖的认可。并且，在1975年，自20世纪30年代以来的几十年里一直不是哈耶克主义者的《泰晤士报》（*The Times*），在一次对《骑虎难下》的隐晦提及中致敬了哈耶克教授，认定他是所有准确诊断出通货膨胀的逐步发展及其对经济的危害的人里最重要的经济学家：

> 正如弗里德里希·哈耶克教授自他与凯恩斯的战前

> 辩论以来所论证的那样，通过越来越多的通胀性公共财政来维持充分就业的代价是，不仅加速了通货膨胀，而且将经济资源逐步转移到受通货膨胀支持或依赖通货膨胀的活动中。如果要抑制通货膨胀，就必须逆转结构性的扭曲，这必然是痛苦的。[1]

新凯恩斯主义者们所写的任何内容都没有驳倒这种诊断；现在它是越来越多的经济学家，以及英国、美国和欧洲媒体的经济评论家的共同通货。

应读者对《骑虎难下》的持续需求，我们对其进行了一次升级版重印，增加了三篇20世纪40年代中期的文章，在这三篇文章中哈耶克教授预见了三十年内及以后的经济事务和政策的发展，从而把原文扩充成了新版。与本书第一版一样，它们由谢诺伊女士介绍，她也指出了区分平均价格和相对价格的商业决策的重要性，以及货币供应的次要作用。

由于所有允许猛虎出笼的国家的政府仍然在追逐它的尾巴，因此该分析现在仍然颇具意义。

——亚瑟·塞尔登

1978年1月

---

〔1〕 *The Times*, 4 January, 1975.

作者简介

弗里德里希 · A. 冯 · 哈耶克，法学博士、政治学博士（维也纳），经济学博士（伦敦），奥地利萨尔茨堡大学客座教授（1970—1974 年），奥地利经济研究所所长（1927—1931 年），维也纳大学经济系讲师（1929—1931 年），伦敦大学图克经济科学与统计学教授（1931—1950 年），芝加哥大学社会与道德科学教授（1950—1962 年），西德弗莱堡大学经济学教授（1962—1968 年）。1974 年，他被授予诺贝尔经济学奖。

哈耶克教授最重要的出版作品有：《价格与生产》（1931）、《货币理论和经济周期》（1933）、《资本的纯理论》（1941）、《通往奴役之路》（1944）、《个人主义与经济秩序》（1948）、《科学的反革命》（1952），以及《自由宪章》（1960）。他最新的作品收录于文集《哲学、政治学与经济学研究》（1967）和《法律、立法与自由》（第 1 卷：《规则与秩序》，1973；第 2 卷：《社会正义的幻象》，1976）。他还主编了几本书，并在《经济期刊》《经济学》等期刊上发表了文章。经济事务研究所（IEA）出版了他的《语言混乱的政治思想》（不定期论文 20,1968),温考特纪念演讲《经济自由与代议制政府》(不定期论文 39,1973),《房租管制判决书》(IEA 读物 No. 7,1972),《不惜任何代价的充分就业?》(不定期论文 45,1975),《选择货币:一种方法来阻止通货膨胀》(不定期论文 48,1976)和《货币的非国家化》(霍巴特文集 70,1976;第二版,1978)。

苏达 · R. 谢诺伊,文学士、理学士(经济),文学硕士,1943 年出生,先后在印度艾哈迈达巴德卡梅尔山学院和圣泽维尔学院、伦敦经济学院、弗吉尼亚大学,以及伦敦大学东方和非洲研究学院接受教育。她曾先后担任前牛津大学伊丽莎白女王中心研究助理(1971—1973 年)、澳大利亚纽卡斯尔大学经济学讲师(1973—1974 年)、克兰菲尔德理工学院经济学讲师(1975—1976 年)、纽卡斯尔大学经济学高级导师(自 1977 年以来)。

她的出版作品有:《垄断的来源》,发表于《新个人主义评论》(1966 年春);《定价理论与实践论文集》中的《垃圾清除定价》,见政治经济学读物 3(伦敦:经济事务研究所,1967);《关于桑德萨拉先生批判的说明》,刊登于《印度经济日报》(1967 年 4 月/ 6 月);《欠发达与经济增长》,第 10 卷(伦敦:经济事务研究所的 Longmans,1970);《移民经济问题》中的《人力资本运动》,见政治经济学读物 5(伦敦:IEA,1970);《印度:进步或贫困?》,见研究专著 27(伦敦:经济事务研究所,1971);与小 G. P. 奥德利斯库(G. P. O'Driscoll)合著的《通货膨胀、衰退和滞胀》(堪萨斯城:Sheed & Ward,1976),收录在 E. G. 多兰(E. G. Dolan)编的《现代奥地利经济学的基础》中。

1931 年至 1971 年的辩论[1]

苏达 · R. 谢诺伊

当前的经济学观念和那些指导工资的政策，起源于 20 世纪 30 年代出版的《通论》(*The General Theory of Employment, Interest and Meney*)所引发的讨论。虽然凯恩斯的观点明显有别于庇古和马歇尔的理论框架(凯恩斯对其最为熟悉)，但是在 1936 年《通论》出版之前，"凯恩斯主义"思维方式就已在英美两国广为流传。[2] 凯恩斯为这些新的思考方式提供了一种理论基础。

自《通论》出版以来，人们已经对书中概述或与之相关的理论体系进行了广泛的阐述，并进一步发展了一个被称为古典体系的

---

〔1〕 我想感谢 C. A. 布莱斯(C. A. Blyth)博士和 P. P. 斯垂恩(P. P. Streeten)教授、L. 拉赫曼(L. Lachmann)教授和 I. M. 科兹纳(I. M. Kirzner)教授，感谢他们阅读了这篇介绍性文章，也感谢他们有益的评论。当然，文责由我自负。——苏达 · R. 谢洛伊

〔2〕 比较 Axel Leijonhufvud, *On Keynesian Economics and the Economics of Keynes* (Oxford: Oxford University Press, 1968); *Keynes and the Classics*, Occasional Paper 30 (London: IEA, 1969); T. W. Hutchison, *Economics and Economic Policy in Britain*, 1946—1966 (London: Allen and Unwin, 1968); H. Stein, *The Fiscal Revolution in America* (Chicago: University of Chicago Press, 1969).

概念替代体系。在主要关系(例如,货币数量与总支出之间,利息、储蓄与投资之间,工资水平与就业水平之间等)上,这个体系近似于凯恩斯体系的镜像。[1] 但是,尽管凯恩斯主义体系完全是按照总量来衡量的,所谓的"古典"体系却包含了或许可以被称为价格维度的东西:古典体系认为,与货币总存量变化相关的价格"水平"变化意味着**所有**价格的等比例变化,而价格水平的变化又与经济活动水平的变化相关。从某种意义上说,凯恩斯主义的方法可以看作对"古典"系统中这种相当粗糙的总量要素的逻辑扩展和阐述。

对凯恩斯的挑战

这些被凯恩斯同时期的英国经济学家普遍接受的学说,从根本上讲,受到了另一种分析的挑战。这种分析是在欧洲大陆上发展起来的,并由哈耶克教授在英国提倡。但到了 20 世纪 40 年代,凯恩斯主义方法几乎被经济学家们普遍接受。最初,许多人似乎认为失业和萧条的"宏观"问题已经得到解决,其他主要的经济问题也不大会再出现。唯一剩下的问题似乎是确保"充分"就业所需的方法。

---

〔1〕 比较 E. E. Hagen,"The Classical Theory of Output and Employment",in M. G. Mueller (ed.),*Readings in Macroeconomics* (New York: Holt, Rinehart and Winston,1966); H. G. Johnson,"Monetary Theory and Keynesian Economies" in *Money, Trade and Economic Growth* (London: Allen & Unwin,1962); "Introduction" in R. J. Ball and Peter Doyle (eds.),*Inflation* (Baltimore: Penguin Books,1969).

> “既然已经确立充分有效需求的原则”，阿瑟·史密斯(A. Smithies)教授宣称，“经济学家们就应该特别注意界定国家的职责。”〔1〕

英国1944年的《就业政策白皮书》和《联合国宪章》里的充分就业任务反映了这一信念，美国1946年的《就业法案》也是如此。〔2〕

一些反对声音预先警告了困难。雅各·维纳(Jacob Viner)教授观察到一份由一组著名经济学家[J. M. 克拉克(J. M. Clark)、阿瑟·史密斯，N. 卡尔多(N. Kaldor)、P. 尤里(P. Uri)，E. R. 瓦尔克(E. R. Walker)]编制给联合国经济与社会理事会的报告——《国家与国际充分就业措施》：

> 关于失业与充分就业政策之间关系的关键问题是：如果一项保障充分就业的政策通过集体谈判导致货币工资的长期上涨压力，那该怎么做？作者们认真地审视了这一问题，然后避开了。

提供就业的有效需求是一些推荐中的“关键概念”，维纳教授

---

〔1〕 Professor A. Smithies, in the *American Economic Review* (June 1945): 367. 这本关于就业政策的专题论文集也很重要：*American Economic Review* (May 1946)。

〔2〕 国会宣布：

> ……联邦政府的一贯政策和责任是采取一切可行手段……协调和利用其所有计划、职能和资源，以创建和维护……各种条件，这些条件能为有能力、有意愿和正在找工作的人提供有用的就业……（引自 Robert Lekachman, *The Age of Keynes*, London: Allen Lane The Penguin Press, 1967, p. 144）

认为这些推荐“比最终的凯恩斯本人更凯恩斯主义……”[1]

在《通论》出现后不久，W. H. 赫特教授就曾经指出，它具有通货膨胀的特质。[2]

在《通论》问世几年之后，连凯恩斯本人也有过怀疑。在其论文《如何为战争买单》(*How to Pay for the War*，伦敦：麦克米兰，1940)中，他警告工会，要求增加货币工资率以补偿生活成本的每一处增长是“徒劳的”。为了阻止通货膨胀，他坚持：

> 必须找到一些手段来收回来自市场的购买力；否则价格必须上涨到可用财货以能够吸收增加的支出量的价格销售——换言之，就是通货膨胀的方法。

---

〔1〕“Full Employment at Whatever Cost?”, *Quarterly Journal of Economics* (August 1950). 早些时候，维纳(Viner)教授说道：

> ……这是一个严重的问题，即在现代条件下，是否在一个社会主义国家中，如果它坚持民主政治程序，就可以始终保持高水平的就业而无须求助通货膨胀(不管是公开的还是变相的)，或者，如果保持了高水平的就业，它是否不会通过集体谈判的作用，本身就会导致通胀的工资螺旋上升……

他在《经济学季刊》(*Quarterly Journal of Economics*，1936－1937)中评论《通论》时说道：

> 在一个按照凯恩斯的规范组织起来的世界中，印刷机与工会代表之间将不断竞争，如果印刷机能保持稳定的领先地位，失业问题就可以基本得到解决……

〔2〕*Economists and the Public* (London：Jonathan Cape，1936). 赫特教授出版了一本书，其中对他的《资源闲置理论》[*Theory of Idle Resources* (London：Jonathan Cape，1939)]中的核心问题做了简短的分析；他在《集体谈判理论》[(*Theory of Collective Bargaining* (1930; new edition，Glencoe，Ill.：The Free Press，1954)；第二版英国版为 *The Theory of Collective Bargaining* 1930－1975，Hobart Paperback No. 8 (London：IEA，1975)]这本早期作品里分析了古典经济学家们对工会和工资决定之间关系的看法。

还有一本是对《通论》的评论和一些早期批评的摘录合集，由亨利·黑兹利特(Henry Hazlitt)编：*The Critics of Keynesian Economics* (Princeton，N. J.：D. Van Nostrand，1960)。

而在一次对战争支出融资的讨论中，他说道：

> ……工会要求增加货币工资率以补偿其生活成本的每一处增长是徒劳的，并且极大地不利于劳动阶级。就像寓言中的狗，为了抓住影子，他们丢掉了实质。[1] 的确，组织更好的一方可能以其他消费者为代价而受益。但是，除了是一种群体自私的努力，除了是一种抢劫队伍之外的其他人的手段，它只是一件吃力不讨好的事……

收入政策的方法

在随后的不止二十五年里，早期凯恩斯主义理论得到了进一步的阐述和完善，并发展出一系列高度复杂的宏观经济模型。特别是 20 世纪 50 年代，人们发现了"成本通胀"，这是工资上涨推动的成本上升。由于价格是由成本决定的，而且在经济的关键部门中，价格是由成本加成定价法(cost-plus-mark-up practice)"管理"，因此价格上涨以保证利润率。但是由于工资也是收入，因此成本和价格上涨没有通缩效应，因为有效需求同时上升。[2] 在这些情况下，紧缩性的货币政策/财政政策将会是通缩的：它会导致社会上出现无法承受的失业水平和产能过剩；人们不得不针对不断上涨的成本设计出一种替代手段。如果通过将工资上涨控制在生产力提高所设定的限度内来同时实现价格稳定和充分就业，那就意味着一种"收入政策"。对将部门性工资增长与生产力联系起来对

---

〔1〕 伊索寓言中的狗，为了水中的肉影，丢掉了嘴里的肉。——译者注

〔2〕 F. Machlup, "Another View of Cost Push and Demand Pull Inflation", *Review of Economics and Statistics* (1960).

价格水平和工资水平的影响的进一步调查，强化了采取由国家决定的“工资政策”(其中同时涵盖了相对工资率**和**普遍工资水平)的理由。如果在生产力提高的部门工资上涨，结果将会是对其他部门的产出的需求增加，从而导致其价格上涨。〔1〕

自1950年以来，英美两国的经济政策反映了对这些观点的采纳；从劝告、引导和停薪，逐步转变为更直接地试图影响和控制工资。〔2〕

贝弗里奇(Beveridge)勋爵早在1944年就已经预见需要那种对工资和价格的直接控制来防止充分就业所造成的“工资-价格上升的恶性螺旋”(vicious wage-price spiral)。〔3〕

到了20世纪60年代末和70年代初，越来越多的经济学家开始赞成收入政策，一些人勉为其难地赞成[罗宾斯(Robbins)、米德(Meade)、派什(F. W. Paish)、布莱顿(Brittan)、摩根(E. Victor)]〔4〕，另一些人则满腔热情地赞成[巴罗夫(Balogh)、斯垂恩

---

〔1〕 P. P. Streeten, “Wages, Prices and Productivity”, *Kyklos* (1962).

〔2〕 D. J. Robertson, “Guideposts and Norms: Contrasts in US and UK Wage Policy”, *Three Banks Review* (December 1966); D. C. Smith, “Income Policy”, in R. E. Caves and Associates (eds.), *Britain's Economic Prospects* (London: Allen & Unwin, 1968).

〔3〕 W. H. Beveridge, *Full Employment in a Free Society* (London: Allen and Unwin, 1944, pp. 198—201, esp. p. 201: “Adoption by the State of a price policy is a natural and probably an inevitable consequence of a full employment policy”).

〔4〕 Lord Robbins, “Inflation: The Position Now”, *Financial Times*, 23 June, 1971; J. E. Meade, Wages and Prices in a Mixed Economy, Occasional Paper 35 (London: IEA for Wincott Foundation, 1971); F. W. Paish, *Rise and Fall of Incomes Policy*, Hobart Paper 47 (London: IEA, 2nd ed., 1971); S. Brittan, *Government and the Market Economy*, Hobart Paperback 2 (London: IEA, 1971); E. Victor Morgan, “Is Inflation Inevitable?”, *Economic Journal* (March 1966).

(Streeten)、奥佩(Opie)][1]。

罗宾斯勋爵的案例尤为有趣。在 20 世纪 50 年代初期,他清楚地分析了贝弗里奇考虑的充分就业政策的通胀性意蕴:它给了工会领袖一种切实的保障,

> 无论他们成功获得了多高的【工资】率,都不允许出现失业。[2]

这会给他们一种持续的激励去将工资推动到高于生产力增长,从而引发"更多通胀"的"恶性循环"。继而,这可能迫使政府对工资率采取直接行动。

> 目前劳资双方之间通过讨价还价来确定工资的做法将被暂停。由国家来确定工资的做法将取而代之。

然而,他认为这种替代方案会被拒绝,"理由是最终它的有效运行将被证明与政治民主的延续不兼容……"[3]十七年后,他主张收入政策是一种临时"**休克策略**"(*shocktactics*)[4],用来获得一个"喘息的空间",在其间可以"推进和理解"根本的货币-财政改革。

他对工会领袖的良好判断力感到绝望,试图间接地向他们施压,建议通过限制总需求——即便猛降到发生破产的程度——来

---

〔1〕 T. Balogh, *Labour and Inflation*, Fabian Tract 403 (Fabian Society, 1970); Streeten, : "Wages, Prices and Productivity"; R. G. Opie, "Inflation" in P. D. Henderson (ed.), *Economic Growth in Britain* (London: Weidenfeld & Nicolson, 1966).

〔2〕 Robbins, "Full Employment as an Objective", in *The Economist in the Twentieth Century* (London: Macmillan, 1954).

〔3〕 Robbins, "Inflation", pp. 35—36.

〔4〕 *Financial Times*, 23 June, 1971.

限制商人们实现通胀性的工资增长，从而阻止支付只会被更高物价轻易抵消的更高工资。建议采取的一个替代措施或并行措施是对企业授予的通胀性工资增长征税。他希望工会领导人对工资自动增长的期望会因此而受挫。[E. 维克多·摩根教授、F. W. 派什教授和西德尼·温特劳普(Sidney Weintraub)教授也提出过类似的观点。][1]

塞缪尔·布里坦(Samuel Brittan)先生提出了另一种替代收入政策。[2] 政府将控制工资水平，在允许工资率上涨的同时，允许缺少劳动力的雇主提供更高的工资水平，但**不**假装根据社会正义来确定相对工资率。他说，这样一种政策必须被视为对货币政策和财政政策的**补充**，提供充分需求来防止失业，而非防止出现过度需求。他提出以临时价格和冻结工资作为权宜之计，直到这些政策得以实施。

可以认为该建议有两种可能的含义。第一，如果对工资增长的这种制止不仅仅是建议，那么工会必须愿意接受收入机构的指导——这意味着该机构具有永久性的监督角色(或者至少与作为工资问题调解人的工会是平行的一种存在)。如果工会拒绝合作，则当局将不得不接管其调解工资的职能……

第二，与其他有关收入政策的建议一致，该建议使给定的**相对**工资率结构永久化，因为它所适用的**所有**工资率都只被允许提高一个给定的比例("劳动力短缺"除外)。如今，这种相对工资结构

〔1〕 Morgan, "Is Inflation Inevitable", p. 14; Paish, *Rise and Fall of Incomes Policy*, Postscript; S. Weintraub, "An Incomes Policy to Stop Inflation", *Lloyds Bank Review* (January 1971).

〔2〕 Brittan, *Government and the Market Economy*, pp. 48—56.

不仅仅反映了市场的分配力量[1],而且反映了不同工会的相对权力或“推动力”。我们是否可以假定他们会满意地无限期保留他们在收入政策形成之时所取得的相对地位呢?

承认“微观”维度

贯穿在这些讨论中的共同思路是减轻特定的**工资率**失调。它们已经与综合分析相距甚远。现在看来,充分需求管理的“宏观”问题有一个“微观”维度:建立(或获得)一种“适当的”价格尺度。换言之,从实际政策的角度来看,价格“水平”持续向上推(或拉)的“宏观”问题,现在被认为具有“微观”根源——在特定工人群体所使用的特定“定价”方法中。迄今为止,对总支出采取的“宏观”措施可能使我们忽视了这种基本的微观**失**调[2],但各种事件似乎不可避免地使这一问题向前发展。看上去,“宏观”措施可能会**抵消**微观问题,但不能替代适当的微观解决方案。

---

〔1〕 W. B. 雷德韦(W. B. Reddaway)教授[“Wage Flexibility and the Distribution of Labour”,*Lloyds Bank Review* (April 1959)]根据实证研究提出,相对工资率的变化在今天几乎没有分配上的意义:行业和企业之间的劳动力再分配是通过工作机会的变化来实现的。考虑到工会确定的工资率结构,这也许是可以预期的;但是,它与价格**能够**执行配置功能这一基本命题并不矛盾——如果系统框架是为此目的而设计的话。

雷德韦教授曾在其他地方[“Rising Prices Forever?”,*Lloyds Bank Review* (July 1966)]指出,不断上涨的价格将无限期地持续下去。在倡导对价格上涨和工资增长的制度约束的同时,他建议采取措施提高生产力,并认为,鉴于实际收入的这种“有保证的”增长,甚至可以容忍相当高的价格上涨率——历史上的少数恶性通胀是特例。正如他所考虑的那样(第 15 页),要忍受拉美类型的通货膨胀,不仅意味着英国经济体制的重大变化(他可能已经明确指出),而且意味着收入保持不变或未能像价格一样快速增长的群体的默认或在政治上的无能。

〔2〕 在这种不协调的情况下,工资增长与生产力挂钩的建议显然是在试图提供一些**协调**标准。

根据第三种分析——由哈耶克教授在“奥地利学派经济学家”[门格尔(Menger)、维塞尔(Wieser)和庞巴维克(Böhm-Bawerk)]奠定的基础上发展并在米塞斯的著作中达到顶峰——微观层面上的协调(coordination)的重要性在这里出现了。哈耶克专注于分析相对价格的结构及其相互关系。他没有采用一般均衡系统的框架,也没有将价格变化视为在两个一般均衡之间“动态”转换的要素。他把价格视为特定情况的经验反射器,并把价格变化视为这些“信号”中**相互关联**的一系列变化,它们使得整个价格结构(以及不同商品和服务的产出)逐渐适应现实世界中持续的、不可预知的变化。简言之,定价被视为一个连续的信息收集和传播过程,但是制度框架决定了价格能够执行这种潜在的信号或分配功能的程度以及成功的程度。

这种“奥地利学派”的分析包含了一种与古典经济学理论——从亚当·斯密(Adam Smith)到J. S. 穆勒(J. S. Mill)——的实质性决裂。它既不同于穆勒之后的英国经济学家的学说,也不同于洛桑学派对一般均衡条件的理论关注。[1]

价格“水平”存在吗

在哈耶克的首部英文著作,以《价格与生产》(*Prices and Pro-*

〔1〕 F. A. Hayek, “Economics and Knowledge”, “The Use of Knowledge in Society” and the three chapters on “Socialist Calculation” in *Individualism and Economic Order*(London: Routledge, 1948).

duction)之名出版的四篇讲稿中[1],他质疑了价格“水平”(总货币存量与总生产量之间的关系)的概念,该“水平”的变化与总产出的变化有关。他认为,这样一个概念未能表明货币支出流的变化对相对价格的结构,进而对生产结构有特定的影响。[2] 他坚持认为,这些价格和产出变化的发生与价格水平的变化无关。哈耶克的分析意味着,如果通过抵消货币措施使“价格”水平保持“稳定”,那么在相对价格变化会导致价格“水平”下降的情况下,实际错位(dislocations)将与通过货币手段使价格上涨的情况相同,否则价格可能会保持“稳定”。在任何一种情况下,结果都是对先前真正的误导(“萧条”)进行了痛苦的纠正。

在20世纪20年代,“稳定主义者”在理论和政策上产生了广泛的影响,这意味着哈耶克教授提出的那种考虑并没有被纳入理论分析或政策分析之中。因此,该时期的价格“水平”“稳定”被解读为价格结构缺乏失调。(这是对一个复杂历史情况——其具体条件在所有国家中并不统一——的极简总结。)

从理论上和实践上,有人可能会争辩说,在“萧条”的条件下,除了最大限度地增加日常支出水平,几乎没有其他选择。哈耶克的分析虽然乐于承认萧条的症状可能会因此而被掩盖,但他认为,

---

〔1〕 Routledge and Kegan Paul,1931 and 1933. 因此,仅局限于对比“古典”模型(当代英国经济学家和凯恩斯所使用的概念框架)和“凯恩斯主义(和/或后凯恩斯主义)模型”的方案可能是不完整的。H. G. Johnson,“Monetary Theory and Keynesian Economies”;“Introduction”,in Ball and Doyle (eds.); and the “Introduction” to R. W. Clower (ed.),*Monetary Theory* (Harmondsworth,U. K.:Penguin Books,1969)是此类方案的实例。

〔2〕 克洛尔(Clower)教授的苛责,即“在凯恩斯主义之前的经济学的任何阶段,都没有做出任何认真的尝试就将特殊的货币假设建立于经济分析的微观基础上”(*Monetary Theory*,p. 19)是不准确的。

这些问题随后被转化为以下情况所引起的另一些问题:每次出现衰退的症状,都必须通过增加货币支出来解决,最终导致了“滞胀-通缩”的困境。

这并不是说在20世纪20年代和30年代奉行的特定政策,或当时的经济和货币框架都代表了近似于哈耶克主义的理想。哈耶克曾就1927—1932年这个时期说过以下这段话:

> ……直到1927年,我确实应该预料到,因为在前一个突然繁荣的时期,价格没有上涨——反而趋于下跌——之后的萧条十分温和。但是,众所周知,那一年,美国货币当局采取了一次完全史无前例的行动,这使得无法将突然繁荣对随后萧条的影响与以往的经验进行比较。当局通过一项宽松货币政策——该政策在注意到即将发生的反应的症状后就开始实行——获得成功,将突然繁荣期延长了两年,超出了自然结束的情况下本应该的时间。当危机最终发生时,又以所有可能的方式,在将近两年的时间里刻意阻止正常的清算程序。在我看来,这些事实对萧条的特征产生的影响要大于1927年前的事态发展,据我们所知,1927年前的事态发展可能反而导致1927年及以后的萧条相对温和。[1]

在《价格与生产》第一版出版后不久,哈耶克教授[在《经济学刊》(*Economica*)上]就凯恩斯的《货币论》(*Treatise on Money*)发

---

〔1〕 *Prices and Production* (London:Routledge,2nd ed.,1935),pp. 161—162.

表了一篇长篇的、实质性的评论的第一部分。[1] 在这篇评论的第二部分发表之前,这激起了凯恩斯的回应,随后又是一篇反驳。哈耶克批评凯恩斯忽视了实际的生产结构,认为凯恩斯偏爱集中在伴随着货币支出变化的直接的和纯粹的货币现象,并倾向于总体的宏观概念(**总**利润、**总**投资),导致他得出自相矛盾或站不住脚的结论。凯恩斯显然认为,如果总体上没有企业家的盈亏,总产出就会保持不变。哈耶克回答说,如果生产的"较低"阶段(离消费更近)的利润恰好被"较高"阶段的亏损抵消,则资本结构将收缩,产出和就业将下降——尽管不存在总体的利润或亏损。

凯恩斯在回应中没能应对哈耶克的众多实质性批判。主要的兴趣点是他的明确陈述"……在我看来,储蓄和投资……可以失调……经济体系中没有自动机制……来保持这两个比率相等"。哈耶克对此的回复基于他对相对价格结构的分析:

> 凯恩斯先生的论断,即经济体系中没有自动机制来保持储蓄和投资的比率平等……可能有同等理由将其扩展到更普遍的论点,即经济体系中没有自动机制来使生产适应需求的任何其他变化。

---

〔1〕 "Reflections on the Pure Theory of Money of Mr. J. M. Keynes", *Economica* (August 1931 and February 1932); J. M. Keynes, "The Pure Theory of Money—A Reply to Dr. Hayek"; F. A. Hayek, "A Rejoinder to Mr. Keynes", *Economica* (November 1931).

哈耶克分析的进一步含义

哈耶克主义的方法还有其他含义：

(1)如果使当前的产出和就业水平取决于通货膨胀，则通货膨胀速度的放慢将产生衰退的症状。此外，随着经济适应某个特定的通货膨胀速率，如果要避免出现萧条的症状，就必须不断提高通货膨胀速率本身：通货膨胀就是“骑虎难下”。

(2)用收入政策去限制价格或工资率的增长，就是去冻结一组特定的价格和工资率的相互关系，同时供求的基本情况不断变化。这就像一组有缺陷的仪表的“稳定性”一样——永远指向同一组读数。它强化了其他制度因素，阻止了维持“充分”就业所必需的相对价格和工资率的特定变化。或者，从不同的角度来看待同一点，如果“充分”就业是以工会确定的工资率(是向下无弹性的)来维持的，则必须调节**所有其他**价格和工资率来适应工会确定的工资率：其他价格和工资率必须被设定为(或达到)与此目标一致的水平。**即使**工会确定的工资率被压低到最大百分比增长，我们也仍然**不能**由此断定所有其他价格和工资率的**相同**百分比的增长(或较小幅度的增长)就足以实现“充分”就业。**这**就是为什么也许有必要使收入的增长快于产出,甚至要确保产出的增长。[1]

(3)对收入政策方法的主要反对意见是,它仅冻结了给定的一系列价格和工资率。它无助于协调或将协调机构引入劳动部门。只要没有解决工会这样的非市场机构的**失**调可能性,问题就会一再发生。对于一种非常痛苦的制度改变,或者使工资率的定价机制不受市场力量影响的其他手段,可能没有替代办法。[2] 另一种选择是**永久性**收入政策:全面固定工资率和价格,即有效中央控制的经济(以及它的所有问题),尽管我们可能会无意中"回到"这种状况。这里并没有说它在政治上是否值得追求。[3]

---

〔1〕 收入政策倡导者隐含地假设,"充分就业"的相对价格和工资之间的关系一旦建立,就可以无限期地维持下去;他们隐含的"模型"是一个刚性的产出和价格的实际结构,一个不断变化的货币流会作用于这个结构。详细参见:Meade,*Wages and Prices in a Mixed Economy*,pp. 11-12;Morgan,"Monetary Theory and Keynesian Economies";Brittan,*Government and the Market Economy*.哈耶克认为这种思维模式基本上属于天真的经济思想早期阶段[*Pure Theory of Capital*,pp. 409-410;另见 *Economica* (August 1931):273]。

但是,如果价格和工资是向下无弹性的,那么"充分就业"的支出水平本身就可能不断向上变化,因为只有通过不断地"劫持"整个结构,才能做出适当的价格变化。

〔2〕 威廉·费尔纳(William Fellner)教授和弗里德里希·卢茨(Friedrich Lutz)在以下著作中也提出了类似的观点:W. Fellner et al. ,*The Problem of Rising Prices* (Organisation of European Economic Cooperation,1961)。

〔3〕 劳动力方面的这种压力并**不**一定意味着(在西方经济体或其他地方)已建立的公司目前**从未**受到对实际竞争或潜在竞争和实际损失或潜在损失的保护——不论是通过体制框架还是通过经济政策。哈耶克的方法意味着没有任何收入和资产——无论是业务还是其他——受到免于损失的保护。[F. A. Hayek,"'Free' Enterprise and Competitive Order" in *Individualism and Economic Order* (London:Routledge,1949),以及"The Modern Corporation in a Democratic Society ..." in Studies in *Philosophy*, *Politics and Economics* (London:Routledge,1967).]

对总量的滥用

1. 通胀主义

1931 年，哈耶克教授认为，原始的通胀主义观点（货币支出的每次扩张都会引起产出的扩张）已被取代；但《通论》在 1936 年复苏了这种观点，《通论》增强了哈耶克所攻击的“更精巧的通胀主义”。

虽然通胀主义的各种更原始的形式在今天已经彻底名誉扫地，以至于在不久的将来不会造成太大的伤害，但当代的经济思想却被一种更精巧的通胀主义所渗透，以至于我们担心，在一段时间内，我们仍将不得不忍受屡次危险地篡改货币和信贷的后果。我相信，即使是在该领域中被普遍接受的某些学说，所依据的也不过是把一般的个人经验（他需要的是更多的货币）不加批判地应用于社会问题。[1]

(《价格与生产》第一版前言)

2.宏观整体与微观决策之间没有因果关系

哈耶克教授强调真实世界中个体特定价格变化的操作意义;他还强调了诸如平均数和总量之类的统计构造的事后性质。

……我抗议的不仅是各种形式的【数量】理论都不恰当地篡夺了货币理论的中心地位,而且是起源于它的观点的确阻碍了货币理论的进一步发展。该特定理论的危害之一是造成了货币理论与一般经济理论的主体之间目前的割裂。因为只要我们使用不同的方法把价值解释为其存在理应无关货币的任何影响,并解释货币对价格的那种影响,这种割裂就是必然的。然而,如果我们试图在货币**总**量、所有价格的**一般水平**,或许还有生产**总**量之间建立**直接的**因果联系,我们正在做的就是在使用不同的方法进行解释。因为这些量级**本身**没有一个会对个人的决策产生影响;然而,非货币经济理论的主要命题是基于对个人决策知识的假设。正是这种"个人主义"方法,让我们对经济现象有了理解,并使现代"主观"理论超越了古典学派,因为对"个人主义"方法的一致运用可能是现代"主观"理论在学说上的主要优势。

因此,如果货币理论仍然试图在各个总量或总平均数之间建

---

〔1〕 下文第18篇中详述了这一主题。

立因果关系，这就意味着货币理论在总体上落后于经济学的发展。事实上，无论是总量还是平均数都不会相互影响，而且我们将无法像我们在个体现象、个体价格等之间建立联系那样，在它们之间建立因果关系的必要联系。我甚至可以断言，从经济理论的本质来看，平均数永远不能在其推理中形成一环。

（《价格与生产》，第 3 页至第 5 页）

3. 价格水平的谬论

哈耶克教授指出，价格指数（我们称之为价格水平）的事后统计结构并不——在物理科学的“观察”代表现实的意义上——代表现实。（1937 年，他还提到了试图用货币政策抵消价格和/或工资率的向下无弹性的严重货币后果。）

显然，在这种情况下，建立国家货币体系的论点不能建立在国家货币的任何特殊性上。它必须基于——事实上也确实基于——这样的假设：该国内部的价格（尤其是工资）之间存在特别紧密的联系，这导致它们与国外的价格相比在很大程度上上下波动。这一假设常常被视为这一问题的充分理由，即为什么为了避免“整个国家”必须提高或降低其价格的必要性，应该调整该国的货币数量来保持国内的“一般价格水平”稳定。我现在还不想考虑这个论点。我将在后面论证它主要是基于一种错觉，而这种错觉基于偶然的事实，即价格变动的统计度量本身通常是针对国家构建的；而且,就许多价格(尤其是工资)的普遍下调而言,在确实存在困难的情况下,拟议的治疗办法比疾病更糟。

(《货币国家主义与国际稳定》,第7页)

4.经济系统超越国家边界

在追溯超越国际政治边界的需求变化的效果时,哈耶克教授展示了一系列相互关联的价格和它所产生的收入变化,并且强调了这一基本要点:构成现实的是这些相互关联的相对价格的变化,而不是某些统计价格“水平”的“移动”。

重要的是,由于初始变化而必须改变什么工资和什么价格,将取决于特定要素或服务的价值是否以及在多大程度上——直接或间接地——取决于发生的需求的特定变化,而不是取决于它是在同一“通货区”的内部还是外部。如果我们将货币收入的一系列连续变化(它们将跟随需求的初始转变)描绘为一条条的单链,并且暂时忽略在每个环节都会发生的连续后果,我们就能更清楚地看到这一点。这样的链条可能很快就会通向另一个国家,或者可能首先在国内产生许多环节。但是,该国的任何特定个人是否会受到影响,将取决于他是不是该特定链条中的环节,即他是不是或多或少立即服务于收入首先受到影响的个人,而不仅仅取决于他是否在同一个国家。实际上,这幅链条图清楚地表明,由于需求初始从A国转移到B国而最终遭受收入减少的大多数人,并非不可能在 B 国而不在 A 国。这一点经常被忽视,因为整个过程呈现为好像两国之间的收支平衡后,影响链就结束了。然而实际上,这两根链条(始于 A 国某人的收入减少,以及始于 B 国另一人的收入增加)中的每一根,在进入另一个国家之后可能会持续很长时间,并且在该国家中的环节数量可能多于其开始时的环节数量。它们只有在相遇(不仅在同一国家里,而且在同一个人身上)时才走到尽头,最终彼此抵消。这意味着,由于货币从 A 国转移到 B 国而变得必需的个人收入和价格减少的数额(不是其总金额)实际上可能在 B 国(比在 A 国)更大。

价格与收入的误导性概念

这幅图当然是非常不现实的,因为它没有考虑这些影响链中的每一根都会产生的无限后果。但我认为,即使如此,它也应该清楚地表明,这种依据一国的价格和收入(就好像它们必定会步调一致,甚至朝着同一方向发展)的论点是多么肤浅和具有误导性。会受影响的是特定个人和特定行业的价格和收入,其影响与在不同行业或地区之间的需求转移后所产生的影响并没有本质上的不同。

当然,这整个问题等同于我在第一讲中讨论的有关什么构成了一个货币体系的问题,即在任何一个倾向于使价格和收入(尤其是工资)在整体上相对外部价格结构发生变化的国家,价格和收入(尤其是工资)之间是否存在特别紧密的一致性的问题。正如我当时所指出的,稍后我才能更全面地讨论它。但是,我认为现在有两点将变得很清楚，并且对于理解我们正在考虑的同质国际通货与我现在将进行的混合体系的运行之间的对比非常重要。

首先，“通货膨胀”和“通货紧缩”这两个术语是否能在任何意义上恰当地适用于区域间或国家间的货币转移，这一点已经非常值得怀疑。当然，如果我们将通货膨胀和通货紧缩**定义**为**特定领土内**货币数量(或价格水平)的变化，那么该术语自然就适用。但是，如果封闭系统中的货币数量变化同样适用于区域间的货币再分配，那么我们所能揭示的后果是否会随之发生就是无法弄清的。特别是，没有理由表明为什么一个区域内的货币数量变化只引起相对价格的暂时变化，在真实的通货膨胀中，这些相对价格的变化会导致生产方向的错误——这种方向错误是因为最终这些通货膨胀的内在机制往往会扭转相对价格的这些变化。

(《货币国家主义与国际稳定》，第 21 页至第 24 页)

5.“国家”稳定的危险

这段摘录指出了国家价格“水平”“稳定”政策可能会在多大程度上逐步累积产生国际通货膨胀。如果在情况变化必然导致价格下跌的地区不允许总体价格下跌，那么确保这种相对下跌的唯一其他方法就是所有其他地区的价格普遍上涨。

的确，如果我们采取更为现实的观点，那么将要发生的事就是毫无疑问的。在由于国际需求变化而导致某些价格趋于下降的国家中,价格水平将被保持稳定,与此同时,在由于同样的需求变化而受益的国家中,肯定会允许价格上升。不难看出,如果世界上所有国家都按照这一原则行事,就意味着,只有在相对世界其他地区价格降幅最低的那个地区,价格才会稳定,而所有其他国家的价格会按比例上涨,并引起所有进一步的调整。如果将世界划分成足够多的非常小的独立通货区,那么由此引起的通货膨胀的可能性似乎确实非常大。而且,一旦采用该原则,为什么又应将其限制在特定国家范围的平均价格内呢?我们是否有同样的理由声称,任何一种商品的价格都不允许下跌,并且应该这样调节世界上的货币数量,以便让相对所有其他商品而言跌幅最低的商品的价格保持稳定,并且将所有其他商品的价格按比例向上调整呢?我们只需要记住已经发生过的,例如,几年前橡胶价格发生的情况,看看这种政策是如何超越甚至是最疯狂的通胀主义者的意愿的。也许这可能被认为是极端情况。但是,一旦采用了该原则,就很难知道如何将其限制在“合理”的限制范围内,或者很难说出什么是“合理”的限制。

但是,让我们忽略这样一种情况在实际上的不可能性:在交换稳定的情况下,价格水平将上升的国家将——与在这种情况下价格必须下降的国家一样——采取稳定政策。让我们假设,在受益于需求增加的国家中,为了保持国家价格水平的稳定,实际上降低了其他商品的价格,而在需求被转移的国家中,将采取相反的行动。这样一种国家稳定政策的理由和意义是什么?

没有争论过的理论依据

现在,很难在任何明确争论过的地方找到支持国家稳定的理论依据。我们通常认为,在一个封闭系统中看似可取的任何类型的政策,如果应用于一个国家的范围,就必须同样具有益处。因此,在我们继续研究其分析依据之前,可能有必要追溯导致这一观点突出的历史原因。毫无疑问,它的崛起与1925—1931年英国货币政策的特殊困难密切相关。在战后时期英国处于金本位制的相对较短的六年内,它遭受了所谓的“英镑高估”。1925年,英国通货重新回到了它以前的黄金价值,这违背了所有“正统”经济学的学说——在一百年前,李嘉图就已经明确表示他“永远不会建议政府将一种已经贬值30%的货币恢复到票面价值”[1]。因此,为了恢复均衡,我们必须随着英镑升值的比例降低**所有**价格和成本。这个过程被证明是非常痛苦和漫长的,特别是由于降低货币工资的臭名昭著的困难。它剥夺了英格兰真正参与突然繁荣(它导致了1929年的危机)的机会,最后,它的结果证明不足以确保已恢复的平价。但这并不是因为需求条件的初始变化或任何可能影响稳定交换条件下的特定国家条件。这是英镑外部价值变化的**影响**。这不是在给定汇率的情况下,一个国家整体的国家价格结构或成本结构与世界其他地区之间失去了平衡,而是平价的变化突然扰乱了国内和国外所有价格之间的关系。

---

〔1〕在1821年9月18日写给约翰·惠特利(John Wheatley)的一封信里,该信重印于:*Letters of David Ricardo to Hutches Trower and Others*, edited by J. Bonar and J. Hollander (Oxford, 1899), p. 160。

相对价格与成本结构

然而，这种经验使许多英国经济学家对国家价格水平与成本水平，尤其是与工资水平之间的关系产生了一种奇怪的偏见，似乎有任何理由期望，一般来说，一个国家作为一个整体的价格和成本结构必须相对其他国家改变。这种趋势得到了流行的平均伪量化经济学的大力支持，其论点涉及国家的“价格水平”“购买力平价”“贸易条件”“乘数”等。

这些平均值通常是针对某个国家范围的价格计算的，这一纯粹偶然的事实被视为证据，在某种意义上，可以说一个国家的所有价格相对其他国家的价格一起变动。〔1〕这使人们更加相信，一个国家的“价格”水平必须相对其给定的成本水平进行更改，这存在一些特殊的困难，并且最好通过操纵汇率来避免这种调整。

现在我要立即补充一点，我当然不想否认，在某些情况下，如果要保持汇率，则某些条件的改变可能使特定地区的货币工资大大减少，而在目前情况下，这样的减薪充其量是一个非常痛苦且漫长的过程。无论如何，对于那些出口主要由一种或几种原材料组成的国家而言，这些产品的价格严重下跌可能造成这种情况。然而，我想建议的是，由于他们国家最近的特殊经历，我的许多英国

---

〔1〕（或多或少随意选择的）价格组的平均值在不同国家中不同地变动的事实，当然并不能证明一个国家的价格结构总体上相对其他国家的价格有任何趋势。但是，如果可以设计出一种合适的技术来查看这种趋势是否存在以及在何种程度上存在，那么对于统计研究来说将是一个非常有意义的主题。当然，这种研究不仅涉及比较不同国家的价格变化的平均值，而且涉及根据某些共同标准比较相对价格变化的整个频率分布。并且应该通过对同一国家不同地区价格结构的相对变动的类似研究来补充。

同事完全没有从这个角度来看这个特殊案例的实际意义：他们误以为通过改变平价可以克服工资刚性所造成的许多主要困难，特别是，由于他们着迷于特定区域中“价格”水平与“成本”水平之间的关系，因此他们容易忽略通货膨胀和通货紧缩的更为重要的后果。〔1〕

（《货币国家主义与国际稳定》，第 42 页至第 46 页）

6. 集体谈判的货币风险

该摘录因其在 1937 年对 20 世纪 50 年代和 60 年代的工资通胀过程的预测而值得关注。

虽然在我看来，一个旨在将一切调整到“给定”工资水平的货币政策这整个想法从纯理论的角度似乎就是设想错误的，但如果我们想象它适用于当今世界——在这里这个假定的工资水平同时是政治冲突的主题，那么对我来说，它的后果似乎就是极好的。这意味着将来集体工资谈判的整个机制将专门用于提高工资，而任何削减(即使仅在一个特定行业内是必要的)都必须通过货币手段来实现。我怀疑这样的提议是否会得到认真的考虑，除非是在一

〔1〕 盎格鲁-撒克逊国家的经济学家倾向于仅仅根据国家价格和工资水平进行辩论，这可能主要是由于欧文·费雪(Irving Fisher)教授的著作在这些国家所产生的巨大影响。这种方法的危险的另一个典型例子是关于赔偿问题的众所周知的争议，其中由俄林(Ohlin)教授要向他的英国对手指出，最重要的不是对总价格水平的太大影响，而是对特定行业地位的影响。

个劳动力一直处于防御状态的国家和时期。[1] 我们很难想象，如果工资谈判成为货币当局的公认职责，以抵消工资上涨对本国行业在世界市场上的竞争地位的不利影响，那它将如何进行。但我们可以肯定的是，工人阶级将不难得知，精心安排的价格上涨不亚于故意削减货币工资，两者都是在减少工资，并且，这种信念因此将很快被证明是错觉：用迂回的方法减少一个国家中所有工人的工资要比直接减少受特定变化影响的人的货币工资容易得多。

（《货币国家主义与国际稳定》，第 52 页至第 53 页）

〔1〕 有意思的是，欧洲那些直到 1929 年工资一直相对较快增长的国家总体上是最不愿意尝试汇率贬值的国家。法国最近的经验似乎也表明，工人阶级的政府可能永远无法使用汇率贬值作为降低实际工资的手段。

对货币方面现实的忽视

7. 凯恩斯对稀缺的忽视

> 在这里哈耶克教授认为，凯恩斯主义体系隐含地基于对现实稀缺的否定，因为它假设总实际产出会自动地与总货币支出朝同一方向变化，换言之，货币收入的每一次增加都会自动产生相应的消费者财货和投资财货供应。

我们在谈到投资的增加时，需要更仔细地考虑我们在这里到底在表达什么。严格来说，如果我们从一个初始的均衡位置开始，根据定义，在这个位置上已经排除了未使用的资源[1]的存在，则投资的增加应始终意味着将投入从生产较近日期的消费者财货转移到生产较远日期的消费者财货，反之亦然。但是，如果我们假设

〔1〕 这意味着可以按普遍市场价格获得未使用的资源。当然，总会有只有在价格上涨时才会被提供的更多储备。

这种投入从一种生产转移到另一种生产的过程伴随着总货币支出的变化,并且在一定程度上是由总货币支出的变化引起的,那我们就不能同时假设价格会保持不变。但是,对于我们当前的目的而言,坚持如此严格的一种均衡假设既没有必要也并不明智。无论如何,就我们在上一章讨论的投资需求上升所产生的影响而言,我们没有理由不假定被投资的其他投入之前是未被利用的,因此,投资的增加意味着相应地增加了对各种资源的利用,而价格却没有上涨,消费者财货的生产也没有减少。这种假设仅仅意味着,已经提供了一定数量的各种可用资源,它们不是以当前价格购买的,但是一旦在现有价格下的需求上升,它们就会立即被利用。而且,由于这类资源的数量总是有限的,因此做出此假设的结果将是,我们必须区分投资和收入的增加在存在各种可用资源的情况下所产生的影响,以及各种资源相继变得稀缺且价格开始上涨之后所产生的影响。

投资需求与收入

我们在上一章开始讨论的初始变化(一项引起对资本的新需求的发明),意味着在给定价格的情况下,生产成本与采用新工艺生产的产品的价格之间的差额将高于普遍的利润率,也就是说,原产量的边际利润率将提高。正如我们所看到的,这样的第一个结果是投资将增加,边际利润率将下降,现金余额将减少,直到持有减少的现金余额的边际单位的愿望再次被投资它们可能获得的更高利润所抵消。如果投资没有增加,那么这种新的利润率将介于旧的利润率和较高利润率之间。但是，由于这笔额外的投资是通过从闲置余额中释放资金来筹集的，因此收入就会增加，对消费者财货的需求也会增加，尽管可能不会达到最大限度，因为一些额外的收入很可能被储蓄起来。

如果我们假设，在生产的所有阶段，未使用的可用资源不仅以生产要素的形式存在，而且以消费者财货的形式存在，则只要是这种情况，对消费者财货的需求增长在一段时间内就会只导致销售的增加，而不导致价格的上涨。可以按给定价格出售的产出的这种数量增加，将产生进一步提高投资需求的效果，或更确切地说，将我们的收益曲线向右移动而不改变其形状。因此，以任何给定利率借入和投资看起来可获利的金额将相应增加；这反过来意味着，尽管将从闲置余额中释放更多的钱，但利率和利润率会进一步提高。而且，由于此过程将进一步提高收入，因此该过程就会重复进行，也就是说，对消费者财货的需求每增加一次，就会导致投资进一步增加和利润率进一步增加。但是，在此过程的每个阶段都会有一部分额外收入被储蓄下来，并且，随着利率的提高，最终需求的任何给定增加都会导致投资成比例地减少。（或者，实际上是同一现象——只是从不同的角度来看——投资需求的连续增加将导致闲置余额释放的货币减少。）因此，该过程将逐渐放慢，并最终停下来。

收益率的最终位置

在这个最终的均衡中，利率会固定在哪里？如果我们假设货币数量保持不变,那它显然会高于初始变化发生之前普遍的利率,甚至高于变化发生后立即产生的利率,因为我们一直在考虑的过程的每一次循环都会让它进一步提高。但是,根据我们目前的假设,即使这个过程结束了,也没有理由说明为什么当可投资资金的供应完全缺乏弹性时,需要的利率就已经上升到开始时应该上升的最高水平。因此,在我们已考虑的条件下,从闲置余额中释放货币(货币数量的增加当然也是如此)可能使利润率和利率持久地保持在不进行任何此类货币变动的情况下会升至的水平。

但是,我们需要十分清楚,这个有些令人惊讶的结果是由于我们的哪些假设而得出的。我们不仅假设了纯投入的供应,而且假设了最终产品、中间产品和各种工具的供应都是无限弹性的,因而可以满足需求的每一次增加但价格不会增加,或者说,整个社会,甚至任何个人,都不需要为了给现在雇用的更多人提供收入而减少消费,就可以让增加投资(或者我们应该说产出)成为可能。换句话说,我们一直在考虑这样一种经济制度,在这种经济制度中,永久性资源和各种非永久性资源(也就是所有形式的资本)都不稀缺。如果存在这样的未使用资本储备,那我们确实没有理由说资本的价格就应该上涨;如果各种形式的资本都是充裕的,那我们甚至没有理由说资本就应该有价格。在这样一个世界里,利息的存在确实仅仅是由于货币的稀缺,尽管即使从绝对意义上来说,连货币也并不稀缺;仅相对于人们被假定要坚持的给定价格而言,它才会稀缺。通过适当调整货币的数量,我们可以在这种系统内将利率降到几乎任何水平。

凯恩斯先生的充裕经济学(economics of abundance)

现在存在各种资源(包括所有中间产品)都有大量未使用的储备这种情况。这种情况可能偶尔在萧条严重的时候出现,但它肯定不是一种能让人在其之上建立一种号称通论的正常状况。然而,凯恩斯先生的《通论》——这本书近年来在经济学家乃至广大公众中引起了极大的轰动和混乱——研究的就是这样一个世界。尽管技术官僚和其他相信我们经济体系有无限生产力的人似乎还没有意识到这一点,但他给我们的确实是他们长期以来在呼吁的充裕经济学。或者更确切地说,他给我们提供了一种经济学体系,该体系基于这样的假设——不存在真正的稀缺,并且,我们需要关注的唯一稀缺就是由于人们决心不以低于某些随意确定的价格出售其服务和产品而造成的人为稀缺。他对这些价格没有任何解释,只是简单地假设它们保持在历史给定水平上,除非在接近"充分就业"且不同的商品开始相继变得稀缺和价格上涨的罕见时间间隔内。

现在,如果有一个公认的事实支配着经济生活,那就是大多数重要原料的价格和几乎所有食品的批发价在不断变化,甚至是每小时都在变化。但是,凯恩斯先生的理论给读者留下的印象是,这些价格波动完全是没有动机的和无关紧要的,只是在突然繁荣的末期,稀缺的事实被冠以"瓶颈"的名义——作为一种明显的例外——被重新纳入分析。[1] 并且,不仅决定各种商品相对价格的因素被系统性地忽视了[2],甚至有人明确地指出,除了纯粹的货币因素(应该被认为是利率的唯一决定因素)之外,大多数财货的价格是不确定的。尽管仅针对凯恩斯先生使用的狭义的资本资产(耐久财货和证券)明确指出了这一点,但相同的推理将适用于所有生产要素。就一般的"资产"而言,《通论》的整个论点都基于这样的假设:它们的收益仅由实际要素决定(由其产品的给定价格决定),而它们的价格只能通过仅以货币因素决定的给定利率将收益资本化来决定。[3] 如果这个论点是正确的,那么显然必须将其扩大到所有生产要素的价格,这些生产要素的价格不是由垄断者任意决定的,因为它们的价格必须等于它们对产品的贡献的价值减去要素投入期间的利息。[4] 也就是说,成本和价格之间的差异将不会成为资本需求的来源,而是将由完全取决于货币影响的利率单方面决定。

---

〔1〕 我本来认为,放弃"可免费复制的财货"与绝对稀缺的财货之间的明显区别,并(根据复制成本的增加)以不同稀缺程度的概念来代替这种区别,是现代经济学的主要进步之一。但是凯恩斯先生显然希望我们回到旧的思维方式。无论如何,这似乎是他使用"瓶颈"概念的含义;在我看来,这个概念基本上属于经济思维的一个初期阶段,将其引入经济理论几乎不能视为一种进步。

〔2〕 特征是,凯恩斯先生终于在其著作《通论》的末尾讨论价格时,指出"价格理论"对他来说仅仅是"分析货币数量变化与价格水平变化之间的关系"(*General Theory*, p. 296)

〔3〕 参看 *General Theory*, p. 137:"我们必须确定来自其他来源的利率,然后我们才能通过'资本化'其预期收益来对资产估值。"

〔4〕 凯恩斯先生没有得出这个结论的原因,以及他对相对价格确定问题的罕见态度的一般解释,大概是在"实际成本"学说(这一学说在当今的剑桥传统中起着举足轻重的作用)的影响下,他假设除了耐用性财货外,所有财货的价格即使在短期内也由成本决定。但是,无论人们认为相对价格的成本解释在均衡分析中的有用性如何,应该清楚的是,在任何有关短期问题的讨论中,这种解释都是毫无用处的。

稀缺的基本重要性

我们不必进一步关注这个论点,就可以得出矛盾的结论。即使在我们之前曾考虑的由于一项发明而增加投资需求的情况下,离开生产要素价格的独立决定因素(其稀缺),恢复利润和利息之间平等的机制也是难以想象的。因为,如果要素的价格直接取决于给定的利率,利润就不会增加,投资也不会扩大——价格会被自动标记,以使利润率等于给定的利率。或者,如果初始价格被认为是不变的,并且假定可以以这些价格获得无限量的要素,那就没有什么可以将增加的利润率降低到不变的利率水平。显然,如果我们要完全理解决定成本与价格以及利润率之间关系的机制,我们就必须关注各类资本财货和其他生产要素的相对稀缺,因为正是这种稀缺决定了它们的价格。而且,尽管在大多数情况下,某些财货的需求增加可能导致供应量的增加而价格却没有上涨,但总体而言,出于本次研究的目的,假设大多数商品是稀缺的——在其他条件不变,任何需求增长都会导致其价格上涨的意义上——将更加有用并更切合实际。我们必须把对某些种类的未使用资源的思考,留给对动态问题的更专门的研究。

自凯恩斯先生的《通论》问世以来,混乱就一直笼罩着这一主题,从而使这次批判不幸地成为必要。

(《资本的纯理论》,第 370 页至第 376 页)

8. 实际要素的重要性

以下段落，是一篇复杂、精细且经过充分论证的长篇论述的结论部分，这篇论述讨论了价格变化对不同生产阶段投资的相对盈利能力的影响。它表明，最终决定这些价格和价格变化的是财货种类对其货币支出的相对稀缺。整个讨论与宏观方法的“总体”思想形成了鲜明的对比。

我们将再次强调这样一个事实，并以此来结束本研究：尽管在短期内，货币影响可能延迟实际要素内在的趋势，使它们无法自行发挥作用，甚至可能暂时扭转这些趋势，但最终，还是实际资源相对需求的稀缺将决定哪种投资（以及多少投资）是有利可图的。指导生产的基本事实（资本的稀缺在其中表达了出来）是用产出来表示的投入的价格，而这反过来又取决于消费在消费者财货上的收入比例相比赚自当前消费者财货生产的收入比例。这些比例不能通过调整货币流来随意改变，因为它们一方面取决于现有各种财货的实际数量，另一方面取决于人们将其收入在消费者财货支出和储蓄上进行分配的方式。货币政策不能故意改变这些要素。正如我们所看到的，用货币手段来延迟实际变化所必需的任何调整，只会导致进一步加剧这些实际变化，而首先使利率转向某个方向的任何纯货币变化，都必然产生最终让利率朝着相反方向改变的力量。

储蓄率的意义

因此,最终是储蓄率决定了能够成功进行的投资额上限。但是,储蓄率的影响并不直接作用于利率或可投资资金的供应,后者总是在很大程度上受货币因素的影响。它的主要影响是对可投资资金的**需求**,在这里它的作用方向与所有消费不足(under-consumptionist)理论所假定的方向相反。储蓄率的变化将**通过**投资需求来影响投资量。同样,如果货币影响本应使投资与储蓄步调失调,则将**通过**投资需求来恢复平衡。如果说在整个讨论中,我们都几乎没有机会明确地提及储蓄率,那么这是由于这样的事实:只要储蓄率是给定的,并且不会自发改变来恢复被破坏的均衡,那么不管储蓄率是多少,我们考虑的效果都会发生。使我们的分析适用的所有要求是,当收入通过投资增加时,在任何时期花费在消费者财货上的额外收入所占的份额,应该大于在同一时期内新投资在消费者财货产出中所占的比例。储蓄下来的只会是新收入的一小部分,我们当然没有理由期望更多(当然更不会有新投资的那么多),因为这意味着必须储蓄下从新投资中获得的几乎所有收入。[1]

各种财货和服务的相对价格,以及因此在其生产中所获得的利润率,将始终由货币需求对各种财货的影响和这些财货的供应来决定。而且,除非我们研究限制各种商品供应的要素,尤其是,如果我们像凯恩斯先生那样假设它们可以几乎无限数量地被免费

---

〔1〕 当然,在任何给定的时间间隔内,给定数量的新投资对消费者财货产出的贡献率,与任何新需求与其所产生的投资数量之间的比例,有着非常简单的关系:后者仅仅是前者的倒数。要更全面地讨论这个"商"和"乘数"("衍生需求的加速原理"用它来运作)之间的关系,我必须再次提及以下作品:Hayek, *Profits, Interest and Investment*, pp. 48—52。

这一论证无法反驳,即因为投资会自动产生相同数量的储蓄,因此不会出现此处考虑的情况。**在任何时间间隔内**,尚未从消费者财货的销售中收到,并因此(被那些花费了这些收入的人)储蓄下来的收入金额,必须被花费在消费者财货以外的其他东西上(并因此根据定义必须被投资出去),这一无关紧要的同义反复对于这个问题或任何其他经济问题都没有多大意义。这里重要的不是一种货币支出分类与另一种货币支出分类之间的关系,而是两种货币支出流与它们满足的财货流之间的关系。我们之所以对投资额感兴趣,是因为它决定了不同种类的财货将以什么比例(以其相对成本来表示)出现。而且我们很想知道,不同种类财货的数量之间的比例与两种财货之间的货币支出分配比例之间是怎样的关系,因为生产任何一种商品的利润增加还是减少取决于这两个比例之间的关系。这点并不重要:我们是否以询问消费者财货支出与储蓄之间的收入分配是否对应于消费者财货总供给的相对(替代)**成本**与新投资财货的比例的形式来提出这个问题,或者当前可用资源是否在消费者财货的生产和投资财货的生产之间的分配比例与从这种财货中获得的收入**将**在两种财货之间分配的比例相同。无论是我们要强调的问题的两个方面中的哪一个,最重要的是,如果我们要提出一个有意义的问题,就必须始终将具体财货的投资结果与这些财货的货币支出进行比较。绝不是与储蓄同时进行的投资,而是**过去**投资的结果,决定了货币需求可能对应也可能不对应资本财货的供应。在任何给定时期,总货币支出的各种分类之间的关系都将发挥作用,这只会导致毫无意义的问题,而不会导致与任何实际问题丝毫相关的任何结果。

我不想暗示最近对这些概念的各种含义的讨论毫无用处。这些讨论帮助我们厘清了使讨论储蓄与投资之间的关系有意义的条件。但是,既然已经清除了与这些概念相关的晦涩和困惑,对这些概念的无意义的同义反复式使用就应该从科学讨论中明确消失。在整个问题上以及最近对此的讨论中,现在比较一下哈伯勒(Haberler)教授在其著作中的精彩论述[*Prosperity and Depression* (Geneva: League of Nations, 2nd ed., chap. 8, 1939)]。

复制,并且无须任何明显的时间流逝,我们就必然对指导生产的要素一无所知。在长期均衡中,利润率和利率将取决于人们想要用多少资源来满足他们当前的需求,以及他们愿意储蓄和投资多少。但在相对短期内,必须将存在的消费者财货和资本财货的数量及种类视为固定的,而利润率与其说取决于存在的实际资本的绝对数量(无论如何衡量),或者储蓄率的绝对大小,不如说取决于花费在消费者财货上的收入比例与以消费者财货形式提供的可用资源比例之间的关系。因此,很可能在经过资本的大量积累和高储蓄率之后,利润率和利率会比以前更高——如果储蓄率与企业家试图形成的资本量相比不够,或者对消费者财货的需求与供给相比过高。出于同样的原因,拥有大量资本和高储蓄率的富裕社区的利率和利润率,可能高于资本少且储蓄率低的其他类似社区。

(《资本的纯理论》,第 393 页至第 396 页)

9. 短期的危险

本摘录,即《资本的纯理论》的最后几段,总结了影响利率变化的实际要素与货币要素之间相互作用的长期讨论。哈耶克教授再次强调了分析的表面性——这种分析仅限于任何政策的直接货币影响,而忽略了其实际的长期影响。

在当代的讨论中,人们越来越忽略实际要素的重要性。但是,即使不进一步讨论货币在这方面的作用,我们当然也有权从我们已经表明的结论中得出结论,即与今天人们广泛认为的相比,我们希望通过控制货币来随意塑造事件的程度要有限得多,货币政策的范围要严格得多。正如某些作者似乎认为的那样,我们不能通过利用货币工具来或多或少地对经济体系做出令人满意的事情。在每种情况下,实际上都始终只有一种货币政策不会产生失衡效果并因此最终逆转其短期影响。确切地知道这项政策将永远是非常困难的(如果不是不可能的话),这并不会改变这样一个事实:除非我们不仅了解货币,而且——更重要的是——了解正在起作用的实际要素,否则我们甚至不能指望靠近这一理想政策。我们没有理由相信,一个具有现代复杂信贷结构的系统,在没有故意控制货币机制的情况下能够平稳运行,因为货币从本质上讲构成了价格机制自平衡装置中的一种松结合(loose joint),这种装置势必阻碍价格机制的运行——越是如此,松结合的作用越大。但这种松结合的存在并非将注意力集中在这个松结合上并忽视机制的其他部分的正当理由,更不用说充分利用这种免于经济必需条件的短暂自由——这种松结合的存在使这种自由成为可能。相反,任何成功的货币政策,其目的都必须是尽可能地减少价格机制的自我调整力量中的这种松散,并且使适应更为迅速,从而减少以后产生更猛烈反应的必要性。但是,为此,理解潜在的实际力量甚至比理解货币表面更为重要,正是因为这个表面不仅是隐藏的,而且往往会以最出乎意料的方式破坏其潜在的机制。所有这一切并不是要否认在非常短的时期内货币政策的范围确实非常广泛。但问题不在于我们**能**做什么,而在于我们**应该**在短期内做些什么,并且,在这一点上,一种最有害的学说在过去几年内得到了普及,这种理论只能通过完全忽略或完全不了解实际起作用的力量来解释。而一种政策得到了提倡，这种政策在任何时候都旨在最大限度地发挥货币政策的短期作用，却完全忽略了这一事实，即在短期内最好的东西在长期内可能是极为有害的，因为现在的短期政策的间接和较慢的影响塑造了明天和后天的短期政策的条件，并限制了其自由。

对经济学家职责的背叛

我不禁考虑到，人们越来越将注意力集中在短期效应上（在这种情况下，相当于将注意力集中在纯粹的货币因素上），这不仅是一种严重而危险的智识错误，而且是一种对经济学家主要职责的背叛，一种对人类文明的严重威胁。在理解决定业务日常变化的各种力量方面，经济学家对于企业家不怎么理解的东西也许几乎没什么贡献。然而，人们过去常常认为，经济学家的职责和特权是研究和强调那些容易被未受过训练的人所忽视的长期影响，并把对更直接影响的关注留给实操的人——他们无论如何只会看到后者，而看不到别的。经济思想持续发展两百年的目的和影响，本质上是使我们远离更为肤浅的货币机制（并让其“退后”），让指导长期发展的真正力量显现。我不想否认，对于区别问题的“实际”和货币方面的痴迷，有时可能已经做得过火了。但这不能成为当前趋势的借口，这些趋势已经有助于将我们带回至经济学的前科学阶段，当时价格机制的整个运作方式还不为人理解，只有在给定价格下，变化的货币流对财货和服务供应的影响问题才引起人们的兴趣。凯恩斯先生发现重商主义作家和有天赋的业余人士预料到了他的观点，这并不奇怪：对表面现象的关注，始终标志着研究我们学科的科学方法的第一阶段。但令人惊恐的是，在我们系统性分析过那些在长期决定价格和生产的力量之后，人们现在却要求我们废除它，以便用被提高到科学尊严的商人的短视哲学来代替它。我们甚至被告知，“因为从长期来看，我们都死了”，所以政策应该完全以短期考虑为指导，难道不是吗？我担心，这些信奉“我们死后，将会洪水滔天”原则的人，可能比他们希望的更早得到他们想要的东西。

（《资本的纯理论》，第 407 页至第 410 页）

国际政策与国家政策

10. 一种商品储备通货

在这两个简短的摘录中，哈耶克教授指出了国际**经济**体系的优势，并强调了国际货币体系正常运作的必要性。

我们所知的金本位无疑存在一些严重的缺陷。但也存在一种危险，即现在流行的对金本位的全面谴责可能掩盖了这一事实：它具有其他替代选择所缺乏的一些重要优点。一个为整个世界而建立的，被明智而公正地控制的受管理通货制度，可能的确在所有方面都优于它。但这种制度在很长一段时间内不是一个可行的提议。但是，与全国范围内的各种货币管理方案相比，金本位具有三个非常重要的优点：它实际上创造了一种国际货币，没有让国家货币政策屈从于国际货币当局；它使得货币政策在很大程度上是自动的，并因此是可以预测的；而且其机制所保证的基本货币供应变化总体上是朝着正确的方向发展的。

这些优点的重要性不应被轻易低估。深思熟虑地协调国家政策的困难是巨大的，因为我们现有的知识仅在少数情况下为我们提供了明确的指导，而几乎总是必须将某些利益牺牲给其他利益的那些决定，将必须依靠主观判断。但是，仅由各国的眼前利益指导的不协调的国家政策，对每个国家的总体影响可能比最不完善的国际本位还要糟糕。同样，尽管金本位的自动运行远非完美，但仅根据这一事实——在金本位下政策以已知规则为指导，并且当局的行动也因此变得可以预见——就可以让不完美的金本位比更理性但更难理解的政策更少令人不安。当黄金的价值开始上涨时，黄金生产受到刺激；而当黄金的价值下跌时，黄金生产受到抑制。这一普遍原则在实践中至少在方向上是正确的——如果在道路上不对的话。

一种非理性但实际的威望

值得注意的是，这些主张金本位的观点，没有任何一个与黄金固有的任何属性有直接联系。任何国际公认的基于一种商品（其价值受其生产成本的制约）的本位，都将具有基本相同的优点。在过去，使黄金成为实际上可以让一个国际本位依据的唯一物质的，主要是其声望（或者，如果你愿意的话，则可以将其称为普遍的支持黄金的迷信偏见）的非理性——但同样实际——的因素，这使得它普遍比其他任何东西都更容易被接受。只要这种信念盛行，就有可能维持一种基于黄金的国际通货，而没有太多设计或有意的组织去支持它。但是,如果使国际金本位成为可能的是偏见,那么在任何基于明确协议和系统合作的国际体系都无法实现的时候,这种偏见的存在至少使一种国际货币成为可能。也许我们可以说,我们能提出的支持金本位的所有理性论证,都更强烈地适用于该提议,而该提议同时没有前者的大多数缺陷。但是,在判断该计划的可行性时,不能仅将其视为货币改革的方案。必须铭记的是,商品储备的积累肯定仍将是国家政策的一部分,并且,在我们现在可以计划的任何未来,政治上的考虑会使原料商品市场不太可能完全由自己决定。但是,所有旨在直接控制特定商品价格的计划,都会面临最严肃的反对,并肯定会造成严重的经济困难和政治困难。即使是除了货币上的考虑,我们也非常需要这样一种系统:在这种系统下,这些控制是由不同机构采取的,这些机构只能以一种在本质上是任意的和不可预测的方式行事,从而使这些控制反而受制于一种机械的和可预测的规则。如果这能与国际货币体系的重建(这将再次确保世界有稳定的国际通货关系和更大的原材料流通自由)相结合,那么我们就在通往更繁荣和更稳定的世界经济的方向上迈出了一大步。

(《一种商品储备通货》,第 176 页至第 177 页,第 184 页)

11.凯恩斯对哈耶克的评论

在对哈耶克教授的文章(第 10 期)的评论中,凯恩斯认为,国际货币体系与"由国家决定的"工资政策是不相容的,即这种由国际制度施加的国内约束将与通过有组织的工会运动来确定工资率的自由相矛盾。

反对用严格的金本位作为确保价格稳定的手段的抱怨通常有两种。第一种抱怨是它没有提供适当数量的货币。这是数量论的拥护者自然会提出的常见的、老式的批评。显然,达到此目标的方法是制订一个计划,以适当地改变黄金或其等价物的数量,例如,六十年前马歇尔的法定指数本位(tabular standard)、四十年前欧文·费雪的补偿美元计划(compensated dollar),或在上文中阐述的哈耶克教授的商品本位。

作为一种纠正国际货币长期短缺的手段,清算联盟(Clearing Union)的独特优点是,它通过流通速度而不是流通量来运作。仅需要一定**数量**的货币来满足囤积,提供应急准备金,并弥补购买与支出之间不可避免的时间间隔。如果不鼓励囤积,并且通过临时透支来提供应急储备,那么,数量很少的实际未偿信贷可能就足以在组织良好的中央银行之间进行清算了。如果清算联盟完全成功,它就会通过让大额资金变得不必要来解决国际货币的数量问题。当然,通过对囤积的进一步劝阻,我们或许可以改进该系统。

国家价格稳定的条件

但是,从另一种观点来看,每个国家的价格水平主要取决于国家工资水平与国家效率之间的关系。或者更一般地说,是通过货币成本与本国货币单位的效率之间的关系得出的。而且,如果价格水平由货币成本决定,则可以得出结论:尽管适当数量的货币是稳定价格的**必要**条件,但它不是**充分**条件。因为,只有先稳定货币工资(和其他成本)与效率之间的关系,才能稳定价格。

因此,对金本位的第二种(也是更现代的)抱怨是,它试图限制工资的自然趋势,使其超出货币数量所设定的界限,但只能通过故意制造失业的“武器”来做到这一点。经过一番尝试,世界已经决定放弃这种“武器”。对于新的旨在提供与稳定价格相适应的货币数量的新本位,该抱怨可能同样有效,与它对旧的金本位一样。

因此,在我看来,在价格稳定领域,国际通货项目只有有限的目标。它们并不以稳定价格为目标。对于以尤尼塔斯(unitas)或班柯(bancor)计保持稳定的国际价格,除非通过影响国内货币成本水平的旧金本位方法,否则无法转化为稳定的国家价格水平。而且,如果做不到这一点,则以国际单位(它并没有反映在成员国实际价格水平的相应稳定中)计提供稳定的国际价格水平就没有多大意义。

需要不同的国家政策

因此,国际通货制度的主要目标,应该不仅是防止由于黄金流入债权国而产生国际货币长期短缺所导致的弊端,而且是防止那些由于各国未能保持国内效率-成本的稳定,并在其国家工资政策中彼此失调而没有采取任何有序的调整手段所产生的弊端。如果允许有序的调整,那就是该制度(不同于在金本位下的情况)可能允许各国(如果它们选择的话)实行不同的工资政策和不同的价格政策的另一种说法。

因此,国际通货制度的更困难的任务——只有在经验的帮助下才能完全解决——是处理会员国在其国内工资和信贷政策中步调不一致的问题。为了达到这一点,我们可以规定步调严重不一致的国家(无论是太快还是太慢)在第一时间重新考虑它们的政策。但是,如果有必要(如果效率工资率的变动幅度很大,那就是必要的),则必须改变汇率,从而使特定的国家政策与平均步调保持一致。如果正确地确定了初始汇率,则这很可能是唯一重要的失衡,对这种失衡来说,改变汇率是一种适当的补救措施。

由此可见,国际通货制度可以在维持汇率稳定的领域内完美运作,但价格可能大幅波动。如果工资和价格在任何地方都翻倍,那么国际交换平衡就不会受到干扰。如果某个国家的效率工资率比正常水平高出 10%,那就是需要引起注意的麻烦。

因此,限制国际通货制度目标的根本原因,在于从外部强加稳定的价格水平是不可能的(或至少是不可欲的)。金本位的错误在于,使国家的工资政策服从外部命令。将内部价格的稳定性(或不稳定性)视为内部政策和政治问题是比较明智的。试图从外部强加这一点的商品本位必定像严格的金本位一样崩溃。

在维护内部价格和效率工资的稳定性上,一些国家可能比其他国家更为成功——正是这种在成功上的不等的抵消,最让一个国际组织头疼不已。共产主义国家正处于将要成功的位置。有人认为,资本主义国家注定失败,因为在充分就业的条件下,它不可能防止工资的逐步增长。根据这种观点,严重的衰退和失业的周期性一直是迄今为止使效率工资保持在合理范围内的唯一有效手段。是否如此仍有待观察。我们越意识到这个问题,就越有可能克服它。

（《国际价格稳定的目标》，第 185 页至第 187 页）

12. F. D. 格雷厄姆对凯恩斯的批评

格雷厄姆教授在评论凯恩斯的批评时，指出了凯恩斯思想的全面通胀含义；在凯恩斯所设想的经济体系中，货币政策将服从工会所遵循的工资率政策，这样政治强者就能利用政治弱者（因为那些无法与工会会员一起增加收入的人将不得不在收入不变或更缓慢地增长的情况下面临不断上涨的价格）。格雷厄姆教授的论文以其对这一重要考虑的早期阐述而著称。

在最近一期《经济期刊》(*Economic Journal*)中，凯恩斯勋爵在回答哈耶克教授关于商品储备通货的文章时提出的问题似乎值得进一步讨论。〔1〕

如果我们断言，哈耶克教授运用了自己的权威去近乎无条件地支持了这一提案，即用仓单——涵盖了工业和贸易的标准、可存储原材料的代表性包件——来自由铸币，这对哈耶克教授的观点就可能不会有很大的不公。〔2〕

---

〔1〕 哈耶克教授的文章《一种商品储备通货》之后是凯恩斯勋爵的答复——《国际价格稳定的目标》(“The Objective of International Price Stability”, *Economic Journal* LIII, Nos. 210－211 (June－September, 1943): 176－187)。

〔2〕 该提案由其发起人本杰明·格雷厄姆(Benjamin Graham)先生在他的《储备与稳定》(*Storage and Stability*, New York: McGraw-Hill, 1937) 一书中详细阐述，现在已众所周知，不需要在此进一步阐述。

哈耶克教授认为,金本位的缺陷不在于其构想,而在于它能否充分完成其任务。金本位始终沿着正确的方向运行,但“功率”或“速度”不足。每当公众对流动性的偏好增加时——价格水平随之下降——金矿业就会受到刺激,这会补偿其他行业随后遭受的失业。但是,以金矿业作为劳动力的雇主是相对不重要的,或者说许多经济体完全没有金矿业,因此这种补偿在南非以外的所有地方都被忽略了。金本位最终还通过检查黄金的实际价值上升所引起的黄金供应率增加,以及黄金的实际价值下降时所发生的黄金供应率下降,来检验价格水平的任何长期趋势。但是,如果以 19 世纪为标准,那么随之而来的“周期”大约需要二十五年才能实现。

尽管金本位因此而倾向于维持充分就业和保持稳定的价格水平,但这两种情况的趋势非常微弱,以至于没有实际意义。哈耶克教授和商品储备本位的其他倡导者声称,它将大大改善——如果不是完全治愈的话——黄金储备本位的这些不足之处。

“工资的自然趋势”

我认为,凯恩斯勋爵并不觉得否认商品储备本位所主张的这些优点是重要的,而是认为它(连同金本位)还有另一个更现代的和——有人猜想——更重要的反对意见,那就是它将试图“限制工资的自然趋势,使其超过货币数量所设定的界限”,而且只能通过故意造成失业做到这一点。

我不知道凯恩斯勋爵所说的工资的“自然”趋势超过货币数量所设定的界限是什么意思,除非他是在说,在稳定的物价水平的基础上，以工资为生的人总是想拥有比现在更高的货币工资，并且没有人能阻止他得到。对于卡尔·马克思(Karl Marx)来说，这无疑是新闻，如果马克思和凯恩斯在他们的时代都正确的话，那么无产阶级肯定会以马克思从未想过的方式获得承认，甚至更多。当然，每单位产出货币工资存在上涨的“自然”趋势的正确程度，是一个关于时间、地点和境况的问题，而在任何情况下，对此应该采取什么措施是一个政治问题而非经济问题。也就是说，这个问题根本没有触及商品储备本位是否为经济上良好的货币本位的问题，而仅仅在于它是否被一个具有政治影响力的团体接受。

事实表明，凯恩斯勋爵对于绥靖这样一种团体的危险并不抱有幻想，在他进行总结的段落中，他说道，“有些人认为，资本主义国家注定失败，因为人们发现在充分就业的条件下，不可能阻止工资的逐步增长”(超出了在价格水平不持续上涨的情况下所能维持的界限)。忽视这一质疑，即这样一个国家是否可以被称为“资本主义”，而非在无产阶级的统治之下，也许我们就可以马上承认，对于凯恩斯勋爵的论点(在解决这一问题时，任何一个国家对其本国的货币安排都拥有主权至关重要)还有很多话要说。他反对从外部强加给所有参与国的国际价格稳定，这种观点当然也适用于具有固定汇率的国际商品储备本位。(它更适用于具有固定汇率或黏性汇率关系的**不稳定**价格国际体系，因为国际价格水平接着可能下降而不是上升，并且，在任何情况下，都必然无法与几个国家独立确定的效率工资率的变化相对应。)由于凯恩斯勋爵有理由认为，如果可以使这项政策看起来是一项国际公约的结果，而不是纯粹出于国家利益的结果，那么确保劳工团体拥护稳定的国家价格水平政策的困难就会大大增加,他对那种在他看来是一项通过国际行动来使所有参与国保持稳定的价格水平的提议持怀疑态度。

金本位"命令"

但我认为,凯恩斯勋爵所说的"金本位的错误在于,使国家的工资政策服从于外部命令"是不对的。最初的金本位并没有使工资政策服从于任何地方统治当局的**命令**,而是使它们成为非个人(impersonal)力量的产物,这种力量来自个体的意愿和潜能,以遵循他们所认为的自己的利益。正如哈耶克教授所指出的那样,金本位制度有许多优点,如果我们要把它的优点和缺点一同抛弃,那我们就应该被严正劝告。金本位的自动性本身是好的,而我们所需的是一个摆脱了传统金本位弊端的类似自动系统。我们不应忘记,曾经对金本位几近普遍的遵守是自发的而不是强加的,并且,只是在金本位受到不同国家的管理(试图克服针对它的最初反对意见)**之后**,它才被那些无法对其进行有效管理的国家抛弃,也就是说,被从外部强加了(不稳定的)价格水平之后。

凯恩斯勋爵断言,从外部强加的商品储备本位(比如他认为哈耶克教授所赞同的)肯定会像严格的金本位一样崩溃,这并非显然正确,但我并不认为对此提出异议有多重要。[1] 哈耶克教授在他的文章中,没有明确说明他是否设定了所有本国通货对国际商品本位——以及对彼此——的固定汇率。但是,如果按照哈耶克教

〔1〕 它并非显然正确的原因是,我认为,相比不受管理的金本位的反复无常,或金本位的受管理形式的任意性,事实证明稳定价格水平的政策更能被人普遍接受。

授的建议，如果某个国际组织（例如新“基金”或国际清算银行）可以自由提供国际通货单位与涵盖指定原材料组合的仓单之间的（双向）交换，则不会对任何国家**强加**货币政策。只要任何国家选择保持本国通货（对国际单位和与之相关的其他通货）的汇率不变，它就会自动具有基本稳定的价格水平。然而，到目前为止，出于种种原因，由于它倾向于不稳定的价格水平，因此其通货的交换价值（相比国际单位和对该单位具有稳定汇率的国家的通货）将——由于商品套利——根据其国内购买力的变化而严格对应地自动变化。所以，在我看来，凯恩斯勋爵的论点（一种国际商品储备通货会从外部对任何国家**施加**一个价格水平的政策，或者会崩溃）是非常站不住脚的。

这种国际货币单位似乎没有理由不该是这样一种国际货币——清算联盟（按照凯恩斯勋爵的思路）或任何国际基金的业务都可以以此为中心。通过同时（以国际通货的固定价格）自由地买卖黄金，国际单位的黄金价值也可以被固定下来，或者说，同一回事，黄金的商品价值也可以被稳定下来。这样可以避免所有剥夺黄金现有（或传统）功能的提议所涉及的所有争议。

这样一种本位将比我们过去所拥有的任何事物更能代表一个巨大的进步。它不仅具有与国际投资相关的巨大价值，而且会提供一个支点，任何想要稳定价格水平并与其他想法相同的国家保持固定汇率的国家，都可以（通过以固定价格买卖将其本国货币与国际单位联系起来）进行弥补。

没有锚定的交换媒介

一旦放弃与一项(或一组)资产的联系,转而诉诸一种纯债务通货,那么,根据我的判断,人们就根本没有**本位**了,有的只是一种完全没有锚定的交换媒介和记账单位。尽管我完全同情以工资为生的人获得了尽可能高的(实际)工资,但在目前的工业技术水平下,在我看来,任何不限制这种趋势的货币政策——因为(货币)工资可能必须上涨到超出可以保持稳定价格水平的限度——都提供了一种非常恶毒的"本位"。如果凯恩斯勋爵持相反的观点,对我而言,实际上,他似乎就是在选择一种在时间和数额上完全无限的渐进式通货膨胀。我反对支持这种通货的任何论点,主张价格**水平**的变动没有功能性意义,或者说,如果有的话,我们就不能指望以价格为调节机制来运行一个令人满意的经济体系。在那种情况下,我们越快采取一些尺度较大的负责任的极权手段,对所有相关方面来说就会越好。如果我们不能拥有一种发行人中性(distributorily neutral)的货币,那么能够控制货币体系的任何团体都会对其同胞的生活和财富拥有极权,而不承担任何明确的责任。

在一个完全自由的货币体系内,当然没有任何货币工资率本身会带来失业,因为没有任何东西能阻止商品价格(在新发行货币的刺激下)上涨到足以弥补劳动生产要素上涨的货币成本所必需的水平。此外,我们所有人都对长期困扰我们的无谓失业感到不耐烦。但是,如果我们拒绝接受任何条件下的失业威胁,那么,在货币工资的增速快于效率的"自然"趋势下,我们就会被迫支付劳动者乐意要求的任何工资，并为解决这种情况而不断抬高价格。关于无限制的通货膨胀意味着什么的知识，似乎排除了以这种方式防止失业的可能性。

一种商品储备通货将通过对储备商品的无限需求提供无限的就业机会，前提是工人没有试图将货币工资提高到高于在稳定的价格水平上他们的实际生产力所保证的价格。他们有权获得这么多——而不是更少或者更多，并且，如果我们在他们提出的要求超出这一水平时不敢说“不”，那我们拥有的将不再是一个经济体系，而仅仅是一场喧闹。人们可能会争辩说，如果有人这么做了，说“不”就是在故意导致失业，但答案是，如果工人避免推动（在这种情况下）对更高（实际）工资的完全不可能的要求，那么就业就是可能的。如果在这种情况下允许了较高的货币工资，就会不利于作为消费者的工人，因为必须通过较高的价格水平来补偿这些工资，即使这样防止了一些轻微的失业，也将以对社会自由的巨大破坏为代价。

失业的真正问题

我们面临的失业的真正问题，并不是人们被剥夺了以他们可能想要的任何高薪去工作的机会，而是他们被剥夺了以正常流动性偏好条件下可以轻易获得的工资去工作的机会。商品储备的优点是，它们通过以不干扰生产的方式自由提供流动性来保持对流动性的偏好不会上升，或者满足对其的欲望。

正如凯恩斯勋爵所说，的确是“只有先稳定货币工资（和其他成本)与效率之间的关系,才能稳定价格”。这正是商品储备货币的目的,我看不出不追求它的理由。随着劳动效率的提高,货币工资将趋于相应地增加——不多也不少,并且,将出现一种稳定的充分就业趋势,而没有通货膨胀的痕迹。

“以尤尼塔斯或班柯【国际单位】计保持稳定的国际价格,除非通过影响国内货币成本水平……,否则无法转化为稳定的国家价格水平”,这同样是正确的。在国家通货对国际商品单位的固定汇率下,国内货币成本将受到很大的影响,我认为没有充分的理由反对这一结果。无论有无异议,在任何情况下,如前文所指出的,如果国内单位对国际单位的汇率可以随商品组合的当地通货价格相对国际通货固定价格的变化而自由浮动,则不会产生影响。[1]

如果有人坚持国内的价格水平不稳定,那么没有任何东西可以阻止一个稳定的国际单位,或者说,如果其他国家愿意的话,那么没有任何东西可以阻止它们保持稳定的价格水平。因此,相比存在一种没有锚定的国际货币单位的情况,在存在一种稳定价值的国际货币单位的情况下,没有哪个国家会受到更多约束,并且,一种稳定价值的国际单位不会以任何方式干涉凯恩斯勋爵在其清算联盟中提出的任何建议。

---

〔1〕 我在《国际货币政策基础》(*Fundamentals of International Monetary Policy*, International Finance Section, Department of Economics and Social Institutions, Princeton University, No. 2.)一书中详细论述了这一问题。

哈耶克教授的“固执己见”

我认为，正是哈耶克教授在这里采取的固执己见的态度，使凯恩斯勋爵感到不安。对凯恩斯来说，把接受(或引起)失业当作一种手段，来强制遵守金钱上的纯洁似乎是无情的。他问道：“你愿意为此目的导致多少本可避免的失业?”[1]该质问不仅反映了凯恩斯勋爵的人道主义关怀，而且反映了他对政治可能性的怀疑。他认为，要想达到预期的目的，就必须找到其他惩罚性较小的手段。否认他在这一点上的反对理由是粗暴而愚蠢的。我认为，答案在于采用最低工资政策，正常的最低年增长等于对提高总体效率水平的乐观计算的期望。经验表明，高于最低工资标准的工资将(至少成比例地)响应最低工资团体的任何增长，并且，如果对总体效率改善的期望在任何时候都被(这一事实或直接威胁，即商品部门里生产财货的行业里的失业)证明是被过分计算的，则应根据法律中的适当规定，暂时中止规定的最低工资增长。诸如此类的一些措施将减少关于收入分配的争论的尖锐性，并将促进以有序(而非混乱)的方式进行的调整。

只要我们的经济体系广泛地(并在某些方面逐步地)偏离了理想的自由竞争，那么在谁(为什么)得到什么的决定上就必然出现一些摩擦。而且，只要我们还对自由契约精神有所保留，企业家就必须像工人能拒绝企业家所提出的条件一样，能自由地拒绝工人的要求。由此可能造成的任何失业都是自由的必然阶段。坚持为

[1] 这个问题是在与作者的私人通信中提出的。

了避免任何失业,企业家必须支付有组织的工人可能要求的任何货币工资,并且国家必须制定货币政策以使其成为可能,与坚持出于同一目的,工人必须接受法西斯主义雇主团体认为合适的任何货币工资,对自由一样致命。

(《凯恩斯和哈耶克在商品储备通货上的争论》,第 422 页至第 428 页)

13. 凯恩斯对格雷厄姆的回复

在对格雷厄姆的回复中,凯恩斯没有解决已提出的主要问题:允许将货币政策用作确定工会工资率的补充的主要问题。确实,凯恩斯继续假设,在通常情况下,价格会根据工会成功获得的任何工资率进行调整,即他假设了一种持续的通货膨胀。

格雷厄姆教授对我的观点所做的陈述是非常公正的。但是,在他评论的注解中,我表达的自我要比学科性质真正允许的简短得多。因此,为了减少产生误解的可能性,我想重申和强调几点。

我并不反对法定指数本位,因为它在本质上比金本位更合乎情理。我自己的同情心总是这样。我希望世界能在某个时候达到它的某个版本。但我所表达的观点是在当代实际政策的层面上。从这个层面上讲,我认为这不是下一件紧迫的事情,也不应该为此冒险或推迟采取其他措施。我的理由如下:

(1)眼前的任务是发现一种有序(而灵活)的方法,将国家通货与国际通货——无论国际通货的类型如何——联系起来。只要国家通货彼此之间不同步地改变其价值,我就怀疑用法定指数本位来替代金本位是否让这项任务变得更为容易。确实,获得一种**灵活**方式的任务可能会变得更加困难,因为法定指数本位可能会使刚性看起来更合理。也许这样不公平,但我怀疑哈耶克教授正在寻找一种新方法来满足对刚性体系的倾向。

(2)特别是,我怀疑这样做的政治智慧:似乎(在任何有序的系统内都超过了必然)对国家本位以及工资水平施加外部压力。当然,我不希望看到货币工资永远飙升到实际工资无法追随的水平。找到一种防止这种情况的方法是政治家当前的主要任务之一。但我们必须以我们自己国内的方式来解决这一问题,能感到我们是自由的人,有聪明或愚蠢的自由。**外部**压力的建议将使让理智占上风这一困难的心理问题和政治问题变得更加困难。

(3)我认为这并不是攻击黄金持有者和黄金生产者既得利益的适当时机。为什么要在美国、俄罗斯、西欧和英联邦政府必然拒绝的事情上浪费口舌呢?

(4)达到法定指数本位的正确方法是发展一种技术,并通过国际缓冲库存使人们的头脑适应这一观念。当我们完全掌握这些技术之后(在没有对法定指数本位进一步复杂化以及必须克服对立和偏见的情况下,就已经足够困难了),就该重新考虑了。关于缓冲库存,我可以与弗兰克·格雷厄姆教授和本杰明·格雷厄姆先生热情地合作。即使在这里,对于这一刻(在许多材料匮乏的时候)是否为正确的开始时间,我有所保留。它们可以轻易地变成生产者的坡道,如果它们以这种方式开始,那么辉煌改善的前景就会受到损害。

我同意所有这些都是很低层次的谈话，为此我深表歉意。但实际上，我一开始也是从低层次上与哈耶克教授讨论他那堆理论的。

（《凯恩斯勋爵的注释》，第 429 页至第 430 页）

工资刚性与通货膨胀

14. 充分就业、计划与通货膨胀

> 哈耶克教授在这里发展了他的一大主题。除了**所有**生产要素普遍未被利用(unemployment)的特殊情况外,"失业"问题是一个确保正确分配劳动力的问题;通过消除相对价格变动的影响,沿着凯恩斯主义思路的货币扩张加剧了这种情势的紧张,并且使我们除了通过持续的通货膨胀之外,无法维持任何给定的就业人数。在宏观方法的"总体"思维中没有清楚地把握这些因素,就可能因此掩盖现实的重要方面。

在战后的几年里,中央计划、"充分就业"和通胀压力一直是主导世界大部分地区经济政策的三大特征。其中,只有充分就业才被认为其本身就是可欲的。中央计划、指令或政府控制,无论我们怎么称呼,最多只能是一种必须由结果来判断的手段。通货膨胀,甚至是“受约束的通货膨胀”，无疑是一种邪恶，尽管有些人会说它是要实现其他可欲目标的必要邪恶。它是我们投身于充分就业和中央计划的政策所付代价的一部分。

造成这种情况的新事实并不是避免失业的渴望比战前更大，而是一种新的信念，即与没有货币压力相比，货币压力可以永久维持较高的就业水平。基于这些信念推行的政策有些出乎意料地表明，通货膨胀和政府控制是其必要的伴随物——并非所有人都感到意外，但倡导这些政策的大多数人可能感到意外。

充分就业是首要任务

因此，目前所理解的充分就业政策是主要的因素，当代经济政策的其他特征主要是其后果。在进一步研究中央计划、充分就业和通货膨胀相互影响的方式之前，我们必须弄清楚目前实行的充分就业政策的确切含义。

充分就业已经意味着在短期内货币压力可以带来最大的就业机会。这可能不是该理论概念的原始含义，但不可避免的是，它在实践中应该就是这个意思。一旦我们承认，暂时的就业状况应该成为货币政策的主要指南，就不可避免地应该将可能因货币压力而消除的任何程度的失业视为施加这种压力的充分理由。人们早就知道，在大多数情况下，通过货币扩张可以临时增加就业。要说人们没有一直运用这种可能性，那是因为人们认为，通过这种措施，不仅会造成其他危险，而且可能危及就业本身的长期稳定。当前信念的新变化是，现在人们普遍认为，只要货币扩张能创造更多的就业机会，它就不会造成伤害，或者至少带来的好处多于伤害。

然而，尽管实际上完全就业政策仅意味着短期内的就业率会比原本的情况有所提高，但至少值得怀疑的是，在更长的时期内，它们在实际上是否不会降低在不逐步货币扩张的情况下可以永久维持的就业水平。然而，这些政策不断被描述为好像实际问题不是这样，而是好像在如此定义的充分就业与20世纪30年代持久的大规模失业之间进行选择。

要在“充分就业”与一种存在各种可用的未利用要素的状况之间进行选择，这种思考习惯可能是由于已故的凯恩斯勋爵的巨大影响而造成的最危险的遗产。只要存在普遍失业的状态，即存在**各种**未使用的资源，货币扩张就只会是有益的，这点很少有人会否认。但这种普遍失业的状态是相当特殊的，而且，绝非显而易见的是，在这种状态下有利的政策，在中间状况（在大多数情况下，经济体系会处于这种状况，此时大量的未利用仅限于某些行业、职业或地区）下是否也会始终有利和必然有利。

失业与需求不足

在处于普遍失业状态的系统内，这是大致正确的：就业与货币收入成比例地波动，并且，如果我们成功地增加了货币收入，则我们也将以相同的比例增加就业。但要说所有失业都是由于总需求不足而造成的，并且可以通过增加需求来持久地解决，则是不正确的。收入与就业之间的因果关系并不是简单的单向关系，以至于以一定比例增加收入，我们总是可以以相同的比例增加就业。相信这一点太天真了:因为如果所有工人都以当前的工资来工作,那么总收入将达到某个数字,所以,如果我们能够使收入达到这个数字,那么我们就必将达到充分就业。在失业不是平均分布的地方,我们无法确定额外的支出将用于创造额外的就业机会。至少,在失业者提供的对这类服务的需求增加之前,必须发生的额外支出金额可能必须足以在大幅增加就业之前产生重大的通货膨胀效应。

如果支出在行业和职业之间的分配比例与劳动力的分配比例不同,则仅增加支出就不会增加就业。显然,失业可能是由于劳动力分配与需求分配不同的事实造成的。在这种情况下,总货币收入低将被视为失业的后果而非原因。即使在增加收入的过程中,足够的支出可能会暂时"溢出"到萧条的部门以解决失业,一旦扩张结束,需求分配和供给分配之间的差异也会再次显现。在造成失业和总收入低的原因差异如此悬殊的情况下,只有重新分配劳动力才能持久地解决自由经济中的问题。

这引发了整个领域内最关键和最困难的问题之一:是在或多或少稳定的货币条件下,还是在不断扩张的货币条件下,劳动力的不当分配更有可能得到纠正?实际上,这涉及两个单独的问题:

第一个问题:在扩张过程中的需求条件是否这样——如果劳动力分配适应了当时的需求分配,就会创造在扩张停止后继续存在的就业?

第二个问题:是在稳定的货币条件下,还是在扩张性货币条件下,劳动力分配更有可能迅速适应任何给定的需求分配?换句话说,是在扩张的货币条件下,还是在稳定的货币条件下,劳动力更容易流动?

第一个问题的答案是相当清楚的。在扩张过程中,需求的方向在一定程度上与扩张停止后的需求方向不同。劳动力将被吸引到首先需要额外支出的特定职业上。只要扩张持续下去,那里的需求就总是比其他地方随之而来的需求增长领先一步。而且,只要这种针对特定部门需求的临时刺激导致劳动力流动,那么一旦扩张结束,它就很可能成为失业的原因。

经常性失业的主要原因

有些人可能会对这种现象的重要性感到怀疑。对笔者来说,这似乎是经常性失业是浪潮的主要原因。在笔者看来,经常伴随在突然繁荣之后的崩溃的原因是:在每一个突然繁荣时期,资本财货行业所吸收的生产要素的数量,要多于该行业能永久雇用的数量,并且,其结果是,我们专门用于生产资本财货的资源所占的比例通常要大于收入(在充分就业的情况下,这些收入将被储蓄下来并可用于投资)所占的比例。试图通过将劳动力吸引到只有在信贷持续扩张的情况下才能继续就业的职业来创造充分就业的任何尝试,都会造成两难的局面:要么信贷扩张必须无限期地继续下去(这意味着通货膨胀),要么当信贷扩张停止时失业率会比暂时性就业增长从未发生时的情况更高。

如果失业的真正原因是劳动力分配与需求分配不一致,那么,要创造不依赖于持续的通货膨胀(或有形控制)的稳定的高就业条件,唯一途径便是引发一场与稳定的货币收入将被使用的方式相匹配的劳动分配。当然,这不仅取决于在适应过程中,需求的分配是否大致保持不变,而且取决于总体条件是否有利于劳动力方便和快速地流动。

这导致了我们的问题中第二个更难解决的部分,尽管在我们看来,似乎有可能明确地指出一个方向,但也许无法给出确定的答案。这个问题是:是当总体需求上升时,工人在总体上会更愿意转换到新的职业或迁移到新的地区,还是在总需求大致恒定时,流动性会更大?两种情况之间的主要区别在于:在前一种情况下,迁移的诱因将是其他地方的更高工资的吸引力;而在后一种情况下,将发挥推动作用的是以前的职业无法赚取惯常的工资或找到任何工作。当然,前一种方法更令人愉悦,通常也认为它更为有效。我倾向于质疑的是后一种信念。

从长远来看会吸引必要的更多数量的新员工进入一个行业而非另一个行业的相同的工资差异,会不足以吸引已经在后者中立足的工人进行调动,这本身并不奇怪。一般来说,从一个工作转换到另一个工作会涉及支出和牺牲,而仅仅增加工资可能是不合理的。只要工人能指望他目前工作中的惯常货币工资,就可以理解,他将不愿换动。即使恒定的货币工资意味着较低的实际工资(这在扩张主义政策下是不可避免的,该政策旨在通过让一些人提高工资而不让其他人降低工资来实现全面调整),按货币工资思考的习惯也会让这种实际工资的下降失去大部分效果。奇怪的是,在其他方面经常定期使用这种考虑的那些凯恩斯勋爵的门徒,在这种情况下却看不到它的重要性。

为了保障那些为了社会利益而应该迁移到其他地方的人继续

领取以前的工资，只能延迟最终必须发生的迁移。我们也不应忘记，为了使所有以前受雇的人在一个相对衰落的行业中继续就业，该行业的总体工资水平将不得不下降的幅度会超过某些工人离开该行业的情况下所必需的水平。

外行人在这里很难理解的是，保护个人免于失业可能并非减少失业的方法，而是可能会在更长的时期内减少能以给定工资就业的人数。如果长期奉行推延迁移的政策(让应该迁移到别处的人留在了自己的旧工作中)，则结果必然是，本应是渐变的过程最终变成了一个需要在短期内进行大规模转移的问题。持续的货币压力使人们在本应离开的工作中获得了不变的货币工资，这将造成必要变化的累积拖欠，一旦货币压力消失，就必须在更短时间内弥补这些拖欠，从而导致本可避免的严峻的大规模失业。

扩张可能阻碍调整

所有这些不仅适用于在普通行业波动过程中出现的劳动力分配不均，而且更重要的是，也适用于大规模的劳动力再分配任务，例如，发生在一场大战之后或由于国际贸易渠道的重大变化而产生的劳动力再分配任务。大多数国家自战后以来奉行的扩张主义政策是否有助于(而不是阻碍)必要的调整以适应世界贸易条件的根本改变，这似乎令人怀疑。特别是在英国，近年来的低失业率可能更多地是延迟必要改变的迹象，而不是真正的经济平衡的迹象。

在所有这些情况下，最大的问题是，这种政策一旦实行了多年，是否可以在没有严重的政治动荡和社会动荡的情况下就能扭转。这些政策的结果，不久前可能只是意味着失业率略高，而现在，当大量就业已经取决于这些政策的延续时，可能确实是一个在政治上难以忍受的实验。

目前实行的充分就业政策试图以快速简便的方式让人们恰好在当地就业，而真正的问题是要实现劳动力分配，从而在没有人为刺激的情况下实现持续的高就业。我们永远无法事先知道这种分配是什么。唯一的发现方法是让不受阻碍的市场在一定条件下行动，这将在需求和供给之间实现稳定的平衡。但是，正是充分就业政策几乎不可避免地使我们必须不断干预市场力量的自由发挥，并且，在这种扩张性政策中决定的价格，以及供应将适应的价格，将不会代表持久的条件。如我们所见，这些困难源于以下事实：失业从未在整个经济体系内平均分配，而是在某些部门可能仍存在大量失业的时候，其他部门可能存在严重的短缺。但是，目前的充分就业政策所依赖的纯粹财政措施和货币措施本身对经济体系不同部分的影响是不加区别的。相同货币的压力，在系统的某些部分可能只会减少失业，在其他部分则会产生确定的通胀效应。如果不采取其他措施加以遏制，这种货币压力很可能早在失业消失之前，就已造成价格和工资的通胀螺旋上升，而且，在目前全国范围内的工资谈判中，工资的上涨甚至可能在充分就业政策尚未实现之前就威胁到其结果。

在这种情况下，政府通常会被迫采取措施以抵消自身政策的影响。政府必须通过直接控制价格和生产与销售的数量来控制或抑制通货膨胀的影响：必须通过施加最高价格来防止价格上涨，并且必须通过配给、优先权和分配制度来解决由此产生的短缺。

到目前为止，通货膨胀导致政府进入全面控制和中央计划体系的方式已经广为人知，因此这里无须赘述。通常这是一种特别有害的计划，因为事先没有考虑过，而是随着通货膨胀不受欢迎的结果逐渐表现出来。一个将通货膨胀作为政策手段但希望它只能产生预期效果的政府，很快就会被迫控制经济中欣欣向荣的部分。

（《哲学、政治学与经济学研究》，第 270 页至第 276 页）

15. 工资向下无弹性所导致的通货膨胀

哈耶克教授重申了工资率在决定就业人数方面的核心作用。用工资**水平**而非工资率结构的推理，掩盖了在必要时拒绝降低工资率的通胀意蕴。如果要将工会确定的工资率作为所有其他经济价值必须适应的依据，我们就必须清楚地认识到这种做法的货币后果。如果我们希望避免这些后果，工会就必须将货币收入流量作为其调整工资率的最终依据。哈耶克教授在此明确无疑地分析了工会工资政策和官方货币政策在造成各大发达经济体所面临的一大主要困境上的具体相互作用。

与人们普遍认为的相反，"凯恩斯革命"的关键结果是普遍接受了一个事实假设，以及更重要的是，普遍接受了一个因为被普遍接受而成为现实的假设。在过去二十年内发展起来的凯恩斯主义已经成为一种正式工具，相比古典货币理论，它在讨论事实时可能更方便，也可能没有更方便；这不是我们这里要关心的。凯恩斯最初的论点所依据的(以及此后决定政策的)决定性假设是,在不造成大量失业的情况下,不可能降低大量工人的货币工资。凯恩斯勋爵从中得出的(以及他的整个理论体系都旨在证明其合理性的)结论是,由于实际上不能降低货币工资,因此,在工资变得过高以至于无法"充分就业"的时候,就必须通过降低货币价值的曲折过程来进行必要的调整。一个接受这一点的社会必然导致通货膨胀。

相对工资的重要性

这种结果在凯恩斯主义体系中并没有立即显现。因为凯恩斯和他的大多数追随者在讨论一般工资水平,而主要问题只有在我们考虑不同(部门或地区的)工人群体的相对工资时才会出现。在经济发展的过程中,不同群体的相对工资必然发生重大变化。但是,如果没有重要群体的货币工资下降,相对地位的调整就必须通过提高所有其他货币工资来实现。其结果必然是货币工资水平的持续增长大于实际工资的增长,即通货膨胀。只需考虑不同群体工资变化的正常逐年差异,我们就可以认识到这一要素的重要性。

实际上,自战争结束以来的十二年里,整个西方世界或多或少处于持续通货膨胀状态。这在多大程度上完全是深思熟虑的政策的结果,还是政府财政需求的结果,这一点无关紧要。它无疑是一项非常受欢迎的政策,因为它伴随着可能前所未有的长期繁荣。最大的问题是,是否可以通过同样的方式无限期地维持繁荣,或者说,这样的尝试是否不会迟早产生其他终将变得难以忍受的结果。

在当前的讨论中往往被忽视的一点是,仅在通货膨胀未被预见(或大于预期)的时候,它才会对企业产生刺激作用。正如人们经常看到的那样,价格上涨本身并不一定是繁荣的保证。价格必须高于预期,才能产生比正常情况下更大的利润。一旦确定价格会进一步上涨,对生产要素的竞争就会提高预期的成本。如果价格涨幅不超过预期,就不会有额外的利润;如果价格涨幅较小,则其效果将与预期价格保持稳定时价格下跌的效果相同。

总体而言,战后通胀是出乎意料的,或者说,它持续的时间比预期的长。但是,通货膨胀持续的时间越长,就越是会普遍预期它将持续下去;并且,越多人指望价格持续上涨,那么价格就必须上涨得越多,以便不仅确保那些在没有通货膨胀的情况下赚到足够利润的人,而且确保那些没有赚到足够利润的人享有足够的利润。高于预期的通货膨胀能确保普遍繁荣,这只是因为那些没有高于预期的通货膨胀就不会赚钱并被迫转向其他活动的人能够继续其目前的活动。以渐进速率累积的通货膨胀可能会在相当长的时间内确保繁荣,但以恒定速率进行的通货膨胀不能确保也会如此。

我们几乎不需要问为什么不能无限期地继续以渐进速率实行累积通货膨胀:在通货膨胀变得快到无法用不断扩张的通货进行任何理性计算之前,在不断扩张的通货被其他交换媒介自发取代之前,所有由固定付款的价值迅速下降所带来的不便和不公,会产生不可抗拒的中止要求——至少,当人们了解正在发生的事情并意识到政府总能停止通货膨胀时,是不可抗拒的。(第一次世界大战后的超级通货膨胀之所以能被容忍,只是因为人们受到欺骗,相信货币数量的增加不是价格上涨的原因,而是它的必然结果。)

因此,我们不能指望通货膨胀带来的繁荣会无限期地持续下去。我们注定要达到这样一个地步,即目前由通货膨胀构成的繁荣来源将不复存在。没有人能预测我们何时到达这一地步,但它就是会降临。除了确保我们的生产资源得到安排之外,几乎没有什么应该得到我们的更大关注了,当通货膨胀刺激措施停止运作时,我们可以希望将其维持在合理的活动水平和利用水平上。

通货膨胀—— 一种恶性循环

然而,我们依靠通货膨胀来确保繁荣的时间越长,这项任务就越困难。我们不仅将面临积压的延迟调整,即所有仅仅依靠持续的通货膨胀才能勉强度日的企业,而且通货膨胀也成为新的生产"方向错误"的积极原因,即它引发了新的活动,而这些活动只有在通货膨胀持续的情况下才继续有利可图。尤其是当额外的货币首次可用于投资活动时,这些投资活动将增加到这样一种体量:一旦只有当前的储蓄可用于它们,这些投资活动就将无法维持。

我们可以通过保持最终需求始终比成本早一步上涨来维持繁荣——这种想法迟早会被证明是一种幻想,因为成本不是一个独立的量,从长远来看,它取决于对最终需求的预期。并且,为了确保"充分就业",即使"总需求"超过"总成本",也可能不会长久地足够,因为就业量在很大程度上取决于投资的规模,而超过一定程度,最终需求过多可能对投资来说是一种遏制,而不是一种刺激。

我担心那些相信我们已经解决了长期充分就业问题的人会有严重的幻灭之感。这并不是说我们需要陷入严重的萧条。通过逐步降低通货膨胀,向更稳定的货币条件过渡仍然可能。但是,如果不显著减少一定时期的就业,这几乎就是不可能的。困难在于,按照目前的观点,失业率的任何明显增加都会通过新的通货膨胀立即予以解决。通过进一步的通货膨胀来解决失业的这种尝试可能暂时成功,如果通货膨胀压力足够大,甚至可能多次成功。但这只会推迟问题,同时加剧局势的内在不稳定性。

在一篇展望二十年的简短论文中,我没有篇幅来考虑这个严重但本质上属于短期的问题:如何摆脱特定的通货膨胀而又不会导致大萧条?长期问题是我们如何制止长期的、周期性加速的通货膨胀趋势——这种趋势将一再提出这个问题。重要的一点是,我们必须再次认识到就业问题是一个工资问题,并且,凯恩斯主义的方法,即在工资变得太高而无法充分就业时通过降低货币价值来降低实际工资,只有在工人任由自己受到欺骗的情况下才会起作用。这是一种试图绕开所谓的"刚性"工资的尝试,它可以维持一段时间,但从长远来看,只会给稳定货币体系带来更大的障碍。我们需要的是,让追求与高而稳定的就业水平相适应的工资水平的责任再次被正确地归于它该在的位置:工会。当前的责任划分是,其中每个工会只关心获得最高的货币工资率而不考虑对就业的影响,而货币当局应提供货币收入的任何增长以确保在由此产生的工资水平下获得充分就业;这样必然导致持续不断的通货膨胀。我们发现,通过拒绝面对工资问题并暂时通过货币欺骗来回避后果,我们只是使整个问题变得更加复杂。长期的问题仍然是恢复劳动力市场,这将产生与稳定货币相容的工资。这意味着,必须再次认识到货币当局对通货膨胀负有全责。的确,只要提供足够的货币来确保任何工资水平的充分就业被视为他们的职责,他们就别无选择，并且他们的角色就变成了纯粹的被动角色，但正是这种观念必将产生持续的通货膨胀。稳定的货币条件要求货币支出流是价格和工资必须适应的固定依据，而不是相反。

民意状况

为防止渐进性通货膨胀，以及它必然产生的不稳定和反复出现的危机，我们需要政策上的改变，然而，前提是仍然占主导地位的民意状况的改变。尽管在其发源和最经常采用的国家，7％的银行利率大声宣告了凯恩斯主义原则已经破产，然而，几乎没有迹象表明它们已经丧失对在其鼎盛时期成长的那一代人的控制权。但是，除了它们仍在行使的这种智识权力外，它们还为强化该国政治上最强大的一个群体的地位做出了巨大贡献，以至于没有严厉的政治斗争就不可能放弃它们。避免这种情况的愿望可能会一再导致政客们推迟这件必要之事，再次诉诸通货膨胀提供的临时出路来作为阻力最小的路径。只有当这条道路的危险性变得比现在更加明显时，我们才会真正面临工会权力的根本问题。

（《哲学、政治学与经济学研究》，第295页至第299页）

16. 工会与就业

哈耶克教授在《自由宪章》的摘录中提出了两个主要观点：

首先，他说，没有必要把工会会员的利益与整个工人阶级的利益相提并论，因为只有通过限制工会工人的供应来增加非工会劳工的供应，即通过降低非工会工人的工资率，工会才能为其会员获得更高的工资率。

其次，每个工会通过提高其成员的货币工资来提高实际工资的单独尝试都会导致失业，除非货币当局夸大货币收入流来补偿这种不协调；但这种通货膨胀反过来会导致更严重的后果。

在一个多世纪的时间里，有关工会的公共政策已经从一个极端走向另一个极端。从工会几乎做不了合法之事(如果不是被完全禁止的话)的状态，我们现在已经达到了另一种状态，即工会已成为不适用一般法律规则的独特特权机构。它们已经成为标志着政府在其主要职能(预防胁迫和暴力)上失败的唯一重要实例。

这一事实极大地促进了这种发展：最初，工会能够呼吁自由的一般原则[1]，后来，在停止对它们的一切歧视和它们获得例外特权之后很久，它们得到了自由派(liberal)的支持。在其他一些领域，进步主义者很少愿意考虑任何特定措施的合理性，而通常只问这是“在支持还是反对工会”，或者说，通常所说的“在支持还是反

〔1〕 包括最“正统”的政治经济学家，他们始终支持结社自由。详细参见以下著作中关于强调**自愿结社**的讨论：J. R. McCulloch, *Treatise on the Circumstances Which Determine the Rate of Wages and the Condition of the Labouring Classes* (London, 1851), pp. 79—89。关于古典自由主义对所涉法律问题的态度的全面陈述，参见：Ludwig Bamberger, *Die Arbeiterfrage unter dem Gesichtspunkte des Vereinsrechtes* (Stuttgart, 1873)。

对劳工”〔1〕。然而，只需稍稍回顾一下工会的历史，我们就应该知道，合理的立场必然位于标志着工会发展的两个极端之间。

问题的性质已改变

然而，大多数人对所发生的事知之甚少，以至于当“结社自由”这个词实际上失去意义，而真正的问题已成为个人加入或不加入工会的自由时，他们仍然相信工会为“结社自由”而奋斗的志向。当前的困惑，部分是由于问题的特征已经迅速改变；在许多国家，只有在开始用胁迫不情愿的工人成为会员并使非会员无法就业时，自愿的工人社团才变得合法。多数人可能仍然认为，“劳资纠纷”通常意味着对薪酬和就业条件的分歧，而其唯一的原因往往是工会方面企图强迫不愿入会的工人加入。

工会获得特权的情况从未像在英国那样引人注目，1906 年的《贸易争端法案》(Trade Disputes Act)赋予

> 工会免于承担民事责任的自由，即使工会或其雇工犯下最严重的错误，简言之，赋予每个工会任何其他个人

〔1〕 特征是 C. W. 米尔斯在其著作《新权力人：美国劳工领袖》(C. W. Mills, *The New Men of Power*: *The White American Middle Class*. New York: Harcourt Brace, 1948, p. 21)里对工会中“自由派”态度的描述：

> “在许多自由派的心中，似乎有一种暗流在窃窃私语：‘我不会批评工会及其领导人。我在那里画了这条线。’他们必须感到，这使他们与大多数共和党和右翼民主党区分开来，这使他们保持左倾和社会纯洁。”

或社团(不论是不是法人)所不具有的特权和保护。[1]

类似的友好立法帮助了美国的工会。在美国,1914 年的《克莱顿法案》(Clayton Act)首先将其排除在《谢尔曼法案》(Sherman Act)的反垄断条款之外;1932 年的《诺里斯-拉瓜迪亚法案》(Norris-La Guardia Act)"大大有助于确立劳工组织对侵权行为具有实际上的完全豁免权"[2];最后,最高法院在一项关键裁决中维持了"工会有权向雇主要求拒绝参与经济活动"[3]。到 20 世纪 20 年代,大多数欧洲国家或多或少地出现了相同的情况,"较少是通过明确的立法许可,较多是通过当局和法院的默许"[4]。工会的合

---

[1] A. V. Dicey, *Law and Opinion* (London: Macmillan, 1914)第二版序言,pp. xlv—xlvi。他继续说法律

> 使工会成为不受该地普通法约束的特权机构。英国议会从未故意创建过这样的特权机构,它激发了工人之间的致命幻想,即工人应该追求的不是实现平等而是实现特权。

另见三十年后对同一法律的评论(J. A. Schumpeter, *Capitalism*, *Socialism*, *and Democracy*, New York: Harper & Row, 1942, p. 321):

> 目前,很难意识到这项措施如何必然打击那些仍然相信以私有财产制度为中心的国家和法律体系的人。因为在放宽关于和平纠察的阴谋法(这实际上相当于将意味着武力威胁的工会行动合法化),并免除工会基金**在侵权行为中**应承担的赔偿责任(这实际上相当于制定工会不会做错事的法律)方面,这项措施事实上已经将部分国家权力授予工会,并赋予它们一种特权地位,这种地位是雇主协会形式上免税范围的扩大所无法比拟的。

最近,北爱尔兰的首席大法官也谈到同样的行为(Lord MacDermott, *Protection from Power under English Law*, London: Stevens & Sons, 1957, p. 174):"简言之,它将工会主义置于皇家直到十年前还一直享有的在实施不法行为方面的相同特权地位。"

[2] Roscoe Pound, *Legal Immunities of Labor Unions* (Washington, D. C.: American Enterprise Association, 1957), p. 23,重印于 E. H. Chamberlin, and others, *Labor Unions and Public Policy* (Washington, D. C.: American Enterprise Association, 1958).

[3] Justice Jackson dissenting in *Hunt v. Crumboch*, 325 US 831 (1946).

[4] Ludwig von Mises, *Die Gemeinwirtschaft* (2nd ed.; Jena: Gustav Fischer, 1932), p. 447.

法化在任何地方都被解释为其主要目的的合法化，以及承认其有权利为实现该目的而采取一切必要的行动，即垄断。它们越来越不被视为一种追求正当的自私目的并且（与其他利益团体一样）必须被拥有平等权利的竞争利益团体所制衡的团体，而是被视为一种目标定为把所有劳动力详尽而全面地组织起来且必须得到公众支持的团体。[1]

尽管近来工会对职权的公然滥用经常震惊公共舆论，并且对工会不加批判的支持情绪正在减弱，但公众当然还没有意识到现有的法律立场从根本上就是错误的，而且，我们的自由社会的全部基础正受到工会所僭取的权力的严重威胁。在此，我们不应该关注那些最近在美国引起极大关注的滥用工会权力的犯罪行为，尽管那些犯罪行为与工会合法享有的特权并非完全无关。我们只关注那些工会在今天普遍拥有的权力，它们要么得到了法律的明确许可，要么至少得到了执法当局的默许。我们的论述将不针对工会本身，也不局限于现在被广泛认为是滥用行为的做法。但是，我们将关注工会的某些权力，这些权力现已被广泛承认为合法的——如果不被承认为工会的"神圣权利"的话。工会在行使这些权力方面经常表现出很大的克制，这一事实加强——而不是减弱——了反对这些权力的理由。正是因为在现有法律情况下，工会可以造成比现在多得多的危害——归功于许多工会领导人的节

---

〔1〕 很少有工会的自由派同情者敢于表达在英国工人运动中一位勇敢的女士坦率地说出的显而易见的事实，即"事实上工会的工作是反社会的；如果他们的官员和委员会不再将部门利益放在首位，那么成员就会产生对公正的不满（Barbara Wootton, *Freedom under Planning*, London: Allen & Unwin, 1945, p. 97）。关于美国公然滥用工会权力的问题，在这里我不再赘述，参见：Sylvester Petro, *Power Unlimited: The Corruption of Union Leadership*, New York: The Ronald Press Company, 1959。

制和理智,情况并没有更糟——所以我们不能让目前的状况继续下去。[1]

---

〔1〕 在本章中——多于几乎其他任何章节——我将能够借鉴一系列意见,这些意见逐渐形成于越来越多对这些问题深思熟虑的学者中——这些人在背景和兴趣方面至少存在同情工人的真正关切,至少与过去一直支持工会特权的那些人一样。详细参见:W. H. Hutt, *The Theory of Collective Bargaining* (London: P. S. King, 1930),以及 *Economists and the Public* (London:Jonathan Cape,1936); H. C. Simons,"Some Reflections on Syndicalism",*Journal of Political Economy* LII (1944),重印于 *Economic Policy for a Free Society* (Chicago: University Chicago Press, 1948); J. T. Dunlop, *Wage Determination under Trade Unions* (New York: Macmillan, 1944); *Economic Institute on Wage Determination and the Economics of Liberalism* (Washington, D. C. :Chamber of Commerce of the United States, 1947) (especially the contributions "Wage Determination as a Part of the General Problem of Monopoly", by Jacob Viner and "Monopolistic Wage Determination as a Part of the General Problem of Monopoly", by Fritz Machlup); Leo Wolman, *Industry-wide Bargaining* (Irvington-on-Hudson, N. Y. :Foundation for Economic Education, 1948); C. E. Lindblom, *Unions and Capitalism* (New Haven, Conn. :Yale University Press, 1949) (比较 A. Director, *University of Chicago Law Review* XVIII[1950]; J. T. Dunlop in *American Economic Review* XL [1950]; 以及 Albert Rees in *Journal of Political Economy* LVIII [1950]等对本书的评论); *The Impact of the Union*, ed. David McCord Wright (New York: Harcourt Brace, 1951 [especially the contributions "Some Comments on the Significance of Labor Unions for Economic Policy", by M. Friedman and "Wage Policy, Employment, and Economic Stability", by G. Haberler]); Fritz Machlup, *The Political Economy of Monopoly* (Baltimore: Johns Hopkins Press, 1952); D. R. Richberg, *Labor Union Monopoly* (Chicago: Henry Regnery, 1957); Sylvester Petro, *The Labor Policy of the Free Society* (New York: The Ronald Press Company, 1957); E. H. Chamberlin, *The Economic Analysis of Labor Power* (1958), P. D. Bradley, *Involuntary Participation in Unionism* (1956), and G. D. Reilly, *State Rights and the Law of Labor Relations* (1955),这三本书都由美国企业协会出版(the American Enterprise Association, Washington, D. C.) 并且与一本手册一起重印(Roscoe Pound, *Legal Immunities of Labor Unions*); B. C. Roberts, *Trade Unions in a Free Society* (London: Institute of Economic Affairs, 1959); and John Davenport, "Labor Unions in the Free Society", *Fortune* (April, 1959), and "Labor and the Law", *Fortune* (May, 1959)。关于一般工资理论与工会权力的界限,另见:J. R. Hicks, *The Theory of Wages* (London: Macmillan, 1932); R. Strigl, *Angewandte Lohntheorie* (Leipzig and Vienna: Franz Deuticke, 1926); *The Theory of Wage Determination*, ed. J. T. Dunlop (London: Macmillan, 1957)。

工会对工友的强制

怎么强调都不为过的是,允许工会行使的强制——这种强制违背了在法律之下的所有自由原则——主要是对工友的强制。工会可以对雇主行使的任何真正的强制性权力,都是这种强迫其他工人的主要权力的结果。如果工会被剥夺了这种强求不情愿的支持的权力,那么对雇主的强制就会失去其大部分令人反感的特征。工人之间自愿达成协议的权利,甚至他们一致拒绝提供服务的权利都没有受到质疑。应该说明的是,后者——罢工的权利——虽然是一项正常权利,但是几乎不能被视为不可剥夺的权利。我们有充分的理由说明,在某些雇用情况中,工人应该放弃这项权利,这应该是雇用条款的一部分,即此类雇用情况应涉及工人的长期义务,任何联合起来破坏此类契约的企图都应该是非法的。

的确,任何有效控制公司或行业所有潜在工人的工会,都可以对雇主施加几乎无限的压力,特别是在雇主将大量资金投入专用设备的情况下,这样一个工会实际上可以剥夺所有者的权益,并且几乎可以控制其企业的全部回报。[1] 然而,决定性的一点是,这永远不会符合所有工人的利益——除非在不太可能出现的情况下,通过这种行动获得的总收益被均分给他们,而不论他们是否被雇用——并且,工会因此只有通过强迫某些工人违背自己的利益

---

〔1〕 详细参见在前面的说明中引用过的 H. C. 西蒙斯和 W. H. 赫特的著作。无论旧论点,即通过成立工会来实现"议价能力平衡"的必要性,可能有过什么样有限的有效性,肯定都被摧毁了:一方面是被雇主投资规模和专一性不断提高的现代发展,另一方面是被劳动力流动性的不断增加(汽车使其成为可能)。

来支持这种联合行动，才能实现这一目标。

其原因在于，工人只有通过限制供应，即通过保留一部分劳动力，才能将实际工资提高到自由市场所能达到的水平之上。因此，那些将以较高工资就业者的利益始终会与那些只能以较低工资就业者或根本无法就业者的利益背道而驰。

工会通常会首先让雇主同意某一工资，然后确保没有人会以低于它的工资被雇用，这一事实不会造成什么区别。工资固定是一种非常有效的手段，可以将那些只能以较低工资就业的人排除在外。关键的一点是，只有在知道工会有权力将他人拒之门外时，雇主才会同意这一工资。[1] 作为一般规则，只有工资也高于让所有有意愿工作的人都能得到雇用时的工资，工资固定（无论是通过工会还是当局）才能使工资高于其他情况下原本应有的水平。

以他人为代价的工资增长

尽管工会可能仍然经常以相反的信念行事，但现在毫无疑问，从长远来看，工会不能将所有希望工作的人的实际工资提高到高于在自由市场中能够确立的水平——尽管工会很可能提高货币工资水平，但其后果将在以后给我们带来麻烦。如果工会成功地将实际工资提高到这个水平之上（不仅仅是暂时如此），那只能使一个特定的群体受益，而牺牲他人。因此，即使获得了所有人的支持，工会也只会服务于部分利益。这意味着，严格的自愿性工会，

---

〔1〕 在此必须特别强调反对林德布洛姆（Lindblom）在《工会与资本主义》（*Unions and Capitalism*）中的论证。

由于其工资政策不会符合所有工人的利益,因此无法长期获得所有人的支持。所以,没有权力强迫外人的工会就没有足够强大的实力来迫使工资提高到高于所有寻求工作的人都可以被雇用的水平,即一般来说在一个真正自由的劳动力市场中确立的水平。

但是,虽然只有通过工会行动以失业为代价才能提高所有被雇用者的实际工资,但特定行业或职业的工会可能会通过强迫其他人留在工资较低的职业来很好地提高其成员的工资。这实际上能造成多大程度的工资结构扭曲,是难说的。然而,如果有人记得,一些工会认为使用暴力来防止别人涌入自己的行业是适宜的,而另一些工会可以收取高额的入场费(或者甚至为现任成员的子女保留该行业的工作),那么,这种扭曲毫无疑问是相当大的。重要的是,要注意到,只有在相对繁荣和高薪的职业中才能成功地采用这种政策,因此,这些政策将导致较富裕者对相对贫困者的剥削。即使在任何单个工会的范围内,其行动也可能减少薪酬差异,但毫无疑问,就主要行业和职业的相对工资而言,今天的工会在很大程度上造成了不平等,这种不平等没有任何作用,完全是特权的结果。[1] 这意味着工会的活动必然降低综合的劳动生产力从而降低实际工资的总体水平,理由是,如果工会行动成功地减少了高薪工作的工人人数并增加了必须留在低薪工作中的工人人数,那么结果必然是总体平均水平降低。事实上,很有可能是,在工会非

---

〔1〕 张伯伦在其著作《劳动力的经济分析》(Chamberlin, *The Economic Analysis of Labor Power*, pp. 4—5)中正确地强调"毫无疑问,工会政策的一个影响……是进一步减少真正低收入群体——不仅包括低收入工资接受者,还包括'自我雇用者'和小商人等社会其他因素——的实际收入"。

常强大的国家中，实际工资的总体水平低于正常水平。[1] 大多数欧洲国家的情况的确如此，在这些国家，工会政策通过普遍使用具有“为就业而工作”(make-work)性质的限制性做法而得到了加强。

许多人仍然认为这是一个显而易见且不可否认的事实，即由于工会的努力，总体工资水平的增长速度与过去一样快。尽管理论分析得出了明确无误的结论，且经验证据与之相反，但是他们仍然这样认为。在工会处于弱势而非强势的时候，实际工资的增长往往会快得多；此外，即使是在劳动力没有被组织起来的特定职业或行业，增长也往往会比被高度组织起来（且同样繁荣）的行业快得多。[2] 相反的普遍印象部分是由于这一事实，即工资增长在今天大多是通过工会谈判获得的，出于这一原因，它被视为只能以这种方式获得[3]，甚至更重要的是由于这一事实，即正如我们现在所看到的，工会活动确实带来了超过实际工资增长的货币工资的持续增长。货币工资的这种持续增长之所以成为可能且不导致普遍失业，仅仅是因为通货膨胀——确实，如果要保持充分就业就必然有通货膨胀——经常使货币工资无效。

---

〔1〕 比较 F. 马克卢普(Machlup)的两项研究：《作为垄断的一般问题的一部分的垄断工资决定》(“Monopolistic Wage Determination as a Part of the General Problem of Monopoly”)和《垄断的政治经济学》(*The Political Economy of Monopoly*)。

〔2〕 最近一个显而易见的例子是众所周知的无组织家庭佣人，他们的平均年薪[正如 M. 弗里德曼(M. Friedman)在 D. 赖特(D. Wright)的著作(*The Impact of the Union*, p. 224)中所指出的那样]在 1947 年的美国是 1939 年的 2.72 倍，而在同一时期，全面组织起来的钢铁工人的工资仅上升到初始水平的 1.98 倍。

〔3〕 比较 Bradley, *Involuntary Participation in Unionism*。

有害而危险的活动

实际上,工会通过工资政策所取得的成就比人们普遍认为的要少得多,然而,它们在这一领域的活动在经济上非常有害,在政治上极其危险。工会行使自己权力的方式易于使市场体系失效,同时使它们能够控制经济活动的方向,而这种控制权在政府手中则是危险的,但如果由一个特定团体来行使,就是无法容忍的。它们通过影响不同工人群体的相对工资,以及通过不断增加货币工资水平的压力(这必然导致通胀性后果)来做到这一点。

对相对工资的影响通常是,在被工会控制的团体内,工资会具有更大的一致性和刚性,而在不同的团体之间,工资会具有更大的、非功能性的差异。这伴随着对劳动力流动的限制,前者要么是其结果,要么是其原因。我们无须赘言这样一个事实,即这可能使特定团体受益,但一般来说,只会降低工人的生产力,从而降低他们的收入。我们在此也无须强调这样一个事实,即工会可以确保的特定团体工资更大的稳定性,可能导致就业的更大不稳定性。重要的是,在不同职业和行业里工会权力的偶然差异,不仅会在工人之间产生没有经济根据的、严重的薪酬不平等,而且会导致在不同行业的发展中出现不经济的差别。具有社会重要性的行业(例如建筑业),其发展将受到很大的阻碍,并且显然会无法满足紧急需求,仅仅由于其性质是为工会提供了强制性垄断做法的特殊机会。[1] 由于工会在资本投资最重的地方最有权力，因此工会往往会成为对投资的阻碍——目前可能仅次于税收。最后，往往是与企业勾结的工会垄断，会成为对所涉及行业进行垄断控制的主要基础之一。

当前工会主义发展带来的主要危险是，通过建立有效的垄断来提供不同种类的劳动力，工会将妨碍竞争来作为配置所有资源的有效调节器。但是，如果竞争作为这种调节手段变得无效，就必须采用其他手段。然而，对市场的唯一替代选项是当局的指令。这种指令显然不能交由具有局部利益的特定工会掌握，也不能由一个全体劳动力的统一组织恰当行使——这样一个组织不仅会成为一国之中最强大的权力者，而且会成为一种完全控制国家的权力者。然而，现在的工会主义倾向于产生一种社会主义总体计划制度，几乎没有一个工会想要这种制度，而且，实际上避免这种制度才最符合它们的利益。

违背会员的利益

除非工会完全控制与之相关的那类劳动力的供应，否则它们就不能实现其主要目标；并且，由于服从这种控制并不符合所有工人的利益，因此工会必须诱使其中一些人采取违背自己利益的行动。仅通过心理压力和道德压力就可以在某种程度上做到这一点，这助长了一种错误的信念，即工会使所有工人受益。当它们成

〔1〕 比较 S. P. Sobotka, "Union Influence on Wages: The Construction Industry", *Journal of Political Economy* LXI (1953)。

功地营造出一种普遍的感觉,即每个工人都应该出于自己阶级的利益而支持工会行动时,强制就成为使顽固工人履行义务的合法手段。在这里,工会依靠一种最为有效的工具,即这一神话:正是因为工会的努力,工人阶级的生活水平在过去才得以飞速提高,并且,只有通过它们的不断努力,工资才能继续尽可能快地增长——在不懈编撰这一神话的过程中,工会得到了其对手的积极支持。只有对事实有了更真实的洞察,才能告别这种状况,能否实现这一点取决于经济学家在公共舆论的启迪上有多卓有成效。

但是,尽管工会施加的这种道德压力可能非常强大,但这几乎不足以赋予它们造成实际伤害的权力。工会领袖们显然同意那些研究工会主义这一方面的学者的观点:如果工会要实现其目标,就需要更为强大的强制形式。正是工会为了使会员关系在事实上成为义务而发展出的强制技术,即它们所称的“组织活动”(或者,在美国,被称为“工会保障”—— 一种奇怪的委婉说法),赋予了它们真正的权力。因为真正的自愿工会的权力将被限制在所有工人的共同利益之内,所以它们已将其主要努力转向强迫异见者顺从其意愿。

如果没有受到误导的公众舆论支持和政府的积极支持,工会就永远无法取得成功。不幸的是,它们在很大程度上成功地说服了公众,彻底的工会化不仅正当(legitimate),而且对公共政策很重要。但是,说工人有权利组建工会,并不是说工会有权利独立于个体工人的意愿而存在。如果工人觉得没有必要组建工会,那就不是一场公共灾难,而是一种非常可取的状况。然而,工会的一个自然目标是诱使所有工人加入工会,这一事实被解释为,工会应该有权利为实现这一目标而采取一切必要的行动。同样,工会设法争取更高的工资是正当的,这一事实被解释为,必须允许工会去做为使其努力成功看起来所需的任何事。特别是,由于罢工已被公认为工会的正当武器,因此人们认为,必须允许工会去做为使罢工成功看起来所需的任何事。总的来说,工会的合法化意味着,被工会认为对于其目的必不可少的任何方法也被视为合法。

因此,工会目前的强制性权力主要基于使用这样一些方法,即它们不会出于任何其他目的而被容忍,并且,它们与保护个人的私人领域背道而驰。首先,工会依赖于使用纠察线[1]来作为恐吓手段,其程度比通常公认的要大得多。即使是所谓的"和平"纠察队也具有严重的强制性,而宽恕它构成了一种被承认的特权,因为事实揭露了它被假定为正当的目的:那些本身不是工人的人,可以利用它来强迫他人组建一个由他们控制的工会,并且,它也可以纯粹被用于政治目的,或用于宣泄对不受欢迎者的敌意。因其目标经常被认可而赋予它的正当性光环并不能改变这样一个事实,即它代表了一种施加在个人身上的有组织的压力,而在一个自由社会中,任何私人机构都不应该被允许施加这种压力。

除了对纠察的容忍之外,使工会能强迫个体工人的主要因素,是立法和司法对排外的或需限期入会的厂商(closed or union shop)及类似厂商的认可。这些构成了限制行业的合约,并且,只是因为这些契约不用遵守普通法律规则,它们才能成为工会"组织活动"的正当对象。立法经常走得太远,以至于不仅要求由某一工

---

〔1〕 纠察线(picket line),指罢工工人所设立的界限,通常位于工作场所的入口处,目的是阻止其他工人进入。——译者注。

厂或行业的大多数工人代表所签订的合约能适用于任何想要利用该合约的工人,而且要求它适用于所有雇员,即便他们个人希望并且能够达成不同的优势组合。〔1〕我们还必须将所有次级罢工和次级抵制〔2〕作为不可接受的强制手段,这些手段不是被用作工资谈判的工具,而是仅被用作强迫其他工人接受工会政策的手段。

此外,工会的大多数强制性策略之所以可行,仅仅是因为法律使工人团体免于共同行动的一般责任,这要么是通过允许它们避免正式注册,要么是通过明确免除其组织适用于法人团体的一般规则。我们无须分别考虑当代工会政策的其他各个方面,例如,整个行业范围或全国范围的谈判。它们的可行性取决于上述做法,如果取消工会的基本强制性权力,则这些做法几乎肯定会消失。〔3〕

---

〔1〕 很难夸大工会阻止尝试和逐步引入可能符合雇主和雇员共同利益的新安排的程度。例如,在某些行业,如果工会允许个人以牺牲工资为代价换取更高程度的安全性,那么同意"保证的年薪"就完全不可能符合双方的利益。

〔2〕 也被称为"团结行动"或"同情罢工"等,是指一个工会为支持另一家公司的工人而发起的罢工。——译者注

〔3〕 为了说明美国当代工资谈判的性质,E. H. 张伯伦(E. H. Chamberlin)在其著作中(*The Economic Analysis of Labor Power*)中使用了一个我想不出来的更好类比:

> 通过想象把劳动力市场里的手法应用于其他领域,可能会对所涉及的问题有一些看法。如果 A 在出售房屋方面与 B 讨价还价,并且如果 A 得到了现代工会的特权,他就能够:(1)与其他所有房主密谋,不要对 B 提出任何替代要约,必要时使用暴力或暴力威胁来阻止他们;(2)剥夺 B 本人获得任何替代要约的权利;(3)包围 B 的房屋并切断所有食物的运送(通过邮政包裹的除外);(4)阻止 B 的房屋的一切活动,例如,如果他是一名医生,他就无法出售其服务并谋生,并且(5)实施抵制 B 的业务。如果 A 有能力执行所有这些特权,无疑就会增强他的地位。但除非 A 是工会,否则任何人都不会将它们视为"讨价还价"的一部分。

一种非强制性的作用

不可否认的是,在今天,通过强制来提高工资是工会的主要目标。然而,即使这是工会的唯一目标,从法律上禁止工会也不是合理的。在一个自由社会里,必须容忍许多不受欢迎的事情,如果不通过歧视性立法就无法避免它们的话。但是,即使是现在,对工资的控制也不是工会的唯一职能;并且,它们毫无疑问能够提供服务,这些服务不仅无可争议,而且绝对有用。如果工会的唯一目标是通过强制性行动来提高工资,那么,一旦剥夺了其强制性权力,它们就很可能消失。但是,工会还有其他有用的功能可以履行,并且,即使仅仅考虑完全禁止工会的可能性,都将违背我们的所有原则,但我们最好还是应该明确表明,为什么采取这种行动没有经济依据,以及为什么工会——作为真正自愿和非强制性的组织——可以提供重要的服务。实际上,只有在通过有效防止使用强制,而使工会远离了目前的反社会目标之后,工会才能充分发挥其潜在的作用。[1]

即使在工资确定过程中,没有强制性权力的工会也可能发挥有用的和重要的作用。首先,在工资增长和替代性福利之间通常会存在选择,雇主可以以相同的成本提供这种替代性福利,但是,

---

〔1〕比较 Petro, *The Labor Policy of the Free Society*, p. 51:

工会可以并且确实服务于有用的目的,而且工会对于雇员的潜在效用,只是勉强触及表面。如果它们真正开始从事为雇员服务的工作,而不是像它们在强迫和亏待雇主时那样败坏自己的名声,它们在获得和保留新成员方面的困难就会比目前少得多。就目前的情况而言,工会对排外厂商的坚持,等于承认工会确实没有很好地履行其职责。

只有在所有工人或大多数工人更愿意接受它们而非额外工资时，雇主才能提供这种替代性福利。还有一个事实，即个人在工资等级表上的相对地位，对其而言，往往与其绝对地位差不多重要。在任何层级组织中都很重要的是，让大多数人感觉不同工作在报酬上的差异和晋升的规则是公正的。[1] 达成一致的最有效方法，可能是在代表所有不同利益的集体谈判中商定总体方案。即使从雇主的角度来看，也很难想到任何其他方法来协调所有不同的考虑因素，而在大型组织中，为了达到令人满意的工资结构，就必须考虑这些因素。大型组织的需求似乎需要一套已商定的标准术语，以供所有希望利用它们的人使用——尽管不排除个别情况下的特殊安排。

除个人薪酬外，在更大范围内与工作条件有关的所有一般性问题也是如此，这些问题真正关系到所有员工，并且，为了工人和雇主的共同利益，应该以尽可能多的愿望为基础进行管理。大型组织必须在很大程度上受规则支配，而这些规则如果是在工人的参与下起草的，则可能最有效地运作。[2] 因为雇主和雇员之间的契约不仅规定了双方之间的关系，而且规定了不同雇员团体之间的关系，通常最好是赋予其多边协议的性质，并在某些方面(如在

---

〔1〕 比较 C. I. Barnard, "Functions and Pathology of Status Systems in Formal Organizations", in *Industry and Society*, ed. W. F. Whyte (New York: McGraw-Hill 1946)，重印于 Barnard's *Organization and Management* (Cambridge, Mass. : Harvard University Press, 1949)。

〔2〕 参看：Sumner Slichter, *Trade Unions in a Free Society* (Cambridge, Mass: Harvard University Press, 1947), p. 12。有人认为，这样的规则"将相当于公民权利的东西引入了行业，并且它们极大地扩大了根据法治而不是奇思妙想来治理的人类活动的范围"。另见 A. W. Gouldner, *Patterns of Industrial Bureaucracy* (Glencoe, Ill. : The Free Press, 1954)，特别是关于"按规则统治"的讨论。

申诉程序中)在雇员之中提供一定程度的自治。

最后,工会还从事最古老和最有益的活动:作为“互助会”,它们致力于帮助会员应对行业中的特殊风险。这一功能必须在各方面都被视为一种非常理想的自助形式,尽管这种功能正逐渐被国家接管。然而,对于上述任何论据是否证明了比工厂工会或公司工会规模更大的工会的正当性,我们将搁置这一问题。

我们只能在这里顺便提及的一个完全不同的问题,是工会要求参与商业活动的主张。在“行业民主”的名义下(或者说,最近在“共同决定”的名义下),该主张很受欢迎,尤其是在德国,在英国则程度稍低。它代表了 19 世纪社会主义的工团主义分支思想(这是该学说中最不经思考和最不切实际的形式)的奇怪再现。尽管这些思想在表面上有一定的吸引力,但稍加检验,它们就会暴露出内在的矛盾。一家工厂或一个行业不能既服务于某个特定工人团体的长期利益,又同时服务于消费者的利益。而且,有效参与管理一家企业是一项全职工作,因此,任何参与其中的人,其视角和利益很快都将不再和雇员一致。所以,不仅从雇主的角度来看,应该拒绝这种计划,而且工会领袖断然拒绝在企业行为中承担任何责任是有充分理由的。但是,为了更全面地研究这个问题,我们必须请读者参阅现有的对其所有含义的详尽研究。[1]

---

〔1〕 详细参见:Franz Böhm,“Das wirtschaftliche Mitbestimmungsrecht der Arbeiter im Betrieb”,*Ordo* IV (1951); and Götz Briefs, *Zwischen Kapitalismus una Syndikalismus* (Bern:Francke,1952)。

法律上的细微变化

只要一般舆论认为工会强制是正当的，也许我们就不可能保护个人免受它的侵害，尽管如此，该主题的大多数学者同意，在法律和司法上相对较少并且乍看之下较细微的变化，就足以对现有情况产生深远且可能具有决定性的变化。〔1〕仅仅撤销工会的特权——这些特权要么是明确授予工会的，要么是工会在法院的容忍下僭取的——似乎就足以剥夺它们现在行使的更为严重的强制性权力，并且引导其正当的自私利益，从而使它们对社会有益。

基本要求是确保真正的结社自由，并把强制同等地视为非法行为，而无论它是在支持还是反对组织，是由雇主还是雇员施加的。应该严格执行以下原则：目的不能证明手段的正当性，工会的目标不能证明其免于一般法律规则的正当性。今天，这首先意味着应该禁止所有大规模的纠察活动，因为它不仅是暴力的主要和常规的起因，而且，即使是最和平的形式，它也是一种强制的手段。其次，不应该允许工会将非会员排除在就业之外。这意味着，必须把排外的或需限期入会的厂商的契约（包括其他类似条款，如“会员资格维护”和“优先雇用”）视为限制行业的契约，并剥夺对它们的法律保护。它们在任何方面都与“黄狗契约”（yellow-dog con-

〔1〕参见：Viner，“Wage Determination as a Part of the General Problem of Monopoly”；Haberler，“Wage Policy，Employment，and Economic Stability”；Friedman，“Some Comments on the Significance of Labor Unions for Economic Policy”；Petro，*The Labor Policy of the Free Society*。

tract)[1]没有任何区别，后者禁止个体工人加入工会，而这通常是法律所禁止的。

通过消除次级罢工和次级抵制的主要目标，这些契约的失效将使这些形式和类似形式的压力大为失效。但是，也有必要废除所有这样的法律条款(它们使得与一家工厂或一个行业内大多数工人的代表签订的契约对所有雇员都具有约束力)，并剥夺所有有组织团体的这一权利，使其无法签订对没有自愿授权他人的人具有约束力的契约。[2] 最后，不论采取何种形式的有组织行动，有违契约义务或一般法律的有组织行动和联合行动的责任，都必须由决策者来承担。

任何使某类契约无效的立法都将违背契约自由原则，这一主张不是有效的反对意见。我们之前(在第 15 篇中)已经看到，这一原则绝不意味着所有契约都具有法律上的约束力和强制力。这仅仅意味着，所有契约都必须根据相同的一般规则进行判断，并且不应授予任何当局自由裁量权以允许或不允许特定契约。法律应否认其效力的契约是限制行业的契约。排外的或需限期入会的厂商的契约显然属于这一类。如果立法、司法和行政机构的容忍并未为工会创造特权，那么习惯法国家可能就不会出现有关工会的专门立法的需求。存在这种需要是一件令人遗憾的事，自由的信徒将以怀疑的态度去看待这种立法。但是，一旦某些专门的特权成为当地法律的一部分，就只能通过专门的立法将其取消。尽管应

---

〔1〕 企业雇主在雇用劳动者时，以“劳动者不得加入工会”为条件与劳动者签订的契约。现为非法。——译者注

〔2〕 这种对第三方具有约束力的契约在这一领域同样令人反感，就像通过“公平贸易”法律强制与非签字人签订价格维持协议一样。

该不需要特殊的“工作权利法”，但我们很难否认，在美国，立法和最高法院的裁决所造成的情况可能使专门立法成为恢复自由原则的唯一可行方法。[1]

在任何给定的国家，为恢复劳工领域内自由结社的原则所需采取的具体措施，将取决于该领域本身的发展所造成的情况。美国的情况特别令人感兴趣，因为在美国，立法和最高法院的决定在使工会强制合法化上走得比其他地方更远[2]，并且，在赋予行政当局自由裁量权和实质上不负责任的权力方面可能也已经走得很远。但是，对于更多的细节，我们必须让读者参阅彼得罗教授在《自由社会的劳动政策》(*The Labor Policy of the Free Society*)[3]中的重要研究，其中详尽地描述了所需的改革。

尽管为了限制工会的有害权力，所需的所有改变无非是遵守适用于其他所有人的同样的一般法律原则，但毫无疑问，现有的工会将会竭尽全力去抵制这些原则。它们知道，它们目前所渴望的成就的实现，取决于这种非常具有强制性的权力，而要维护一个自由社会就必须限制这一权力。然而，情况并非没有希望。正在进行的事态发展迟早会向工会证明，现有的状态是无法持久的。工会会发现，在其面临的进一步发展的替代路线中，服从于阻止一切

---

〔1〕 为了符合我们的原则，此类立法不应仅仅宣布某些合同无效，这足以消除为获得这些合同而采取行动的所有借口。当该拒绝因为其他理由而并不非法时，不应该如“工作权法”的标题所暗示的那样，给个人要求某项特定工作的权利，甚至(像美国某些州现行的某些法律一样)因为被拒绝某项特定工作而给予损害赔偿权。反对这些规定的反对意见与适用于“公平雇用惯例”法律的反对意见相同。

〔2〕 参见：A. Lenhoff, “The Problem of Compulsory Unionism in Europe”, *American Journal of Comparative Law* V (1956).

〔3〕 参见：Petro, *Power Unlimited: The Corruption of Union Leadership*, esp. pp. 235ff. and 282。

强制的一般原则,从长远来看将比维持其现行政策更为可取,因为后者必将导致两种不幸的后果中的一种。

失业责任

虽然工会从长期来看无法实质性地改变所有工人可以挣到的实际工资水平,并且,事实上它们更有可能降低而不是提高实际工资水平,但货币工资水平却并非如此。对于货币工资水平,工会行动的效果将取决于管理货币政策的原则。鉴于现在已被广泛接受的学说以及可以据此预期的货币当局的政策,毫无疑问,当前的工会政策必将导致持续不断的通货膨胀。其主要原因是,占主导地位的"充分就业"学说明确地免除了工会对任何失业的责任,并将维护充分就业的责任置于货币和财政当局身上。然而,后者可以防止工会政策导致失业的唯一方法,就是通过通货膨胀来应对工会经常引起的实际工资的过度上涨。

为了理解我们所处的状况,有必要简要介绍一下"凯恩斯主义"型充分就业政策的知识来源。凯恩斯理论的发展是从正确的洞见开始的,即大量失业的普遍原因是实际工资过高。下一步,他提出了这样的主张,即只有通过一场痛苦和漫长得无法设想的斗争,才能直接降低货币工资。因此,他得出结论,必须通过降低货币价值的过程来降低实际工资。这实际上是整个"充分就业"政策的基础,目前,这种政策已被广泛接受。[1] 如果劳工坚持过高的

---

〔1〕 参见 G. Haberler 和我的文章:*Problems of United States Economic Development*, ed. by the *Committee for Economic Development*, Vol. I (New York, 1958)。

货币工资水平以至于无法充分就业,则必须增加货币供应量,以使价格上涨到这样一个水平,即现行货币工资的实际价值不再大于寻求就业的工人的生产力。实际上,这必然意味着,在试图超越货币价值的过程中,每个单独的工会都会永不停止进一步提高货币工资的坚决要求,并且,各工会的合力将因此导致渐进性通货膨胀。

即使个别工会不过是在阻止某个特定团体的货币工资减少,这种情况也会发生。如果工会使得这样的减薪措施无法实现,并且工资通常正如经济学家所说的已经"刚性向下",那么,因不断变化的条件而必须发生的不同团体相对工资的所有变化,都必须通过提高所有货币工资——相对实际工资必须下降的团体的货币工资除外——来实现。此外,货币工资的普遍上升,以及由此产生的生活成本的增加,通常会导致推高货币工资的尝试(即使是在后一种相对实际工资必须下降的团体中也是如此),在产生任何相对工资的调整之前,将需要连续几轮工资增长。由于始终需要调整相对工资,因此,仅此过程就产生了自第二次世界大战以来(自充分就业政策被普遍接受以来)盛行的工资-价格螺旋。[1]

这一过程有时被描述为工资上涨直接导致通货膨胀。这是不正确的。如果货币和信贷的供给没有扩大,工资上涨就会迅速导致失业。但是,在这样一种理论(为了在任何给定的工资水平上都能确保充分就业,而把提供充足的货币视为货币当局的职责)的影响下,任何一轮工资上涨都会导致进一步的通货膨胀,这在政治上

---

〔1〕 比较:Arthur J Brown, *The Great Inflation*, 1939－1951 (London: Oxford University Press, 1955)。

是不可避免的。[1] 或者说,这是不可避免的,直到价格上涨变得足够明显并持续很长时间,以至于引起了严重的公共恐慌。然后,当局才会努力踩下货币刹车。但是,由于到那时经济已经适应了进一步通货膨胀的预期,而现有的许多就业机会将取决于持续的货币扩张,因此,阻止其扩张的尝试会迅速导致大量的失业。这将给通货膨胀带来新的和不可抗拒的压力。而且,随着通货膨胀率的不断提高,有可能在很长的时间内避免出现本来会由工资压力造成的失业。在广大民众看来,渐进式通货膨胀似乎是工会工资政策的直接结果,而不是试图解决其后果的尝试。

尽管工资与通货膨胀之间的这种竞争可能会持续一段时间,但它不可能无限期地进行下去,而没有人意识到必须以某种方式制止它。对于一种通过产生广泛而持久的失业来破坏工会的强制性权力的货币政策,我们只能不予考虑,因为它在政治上和社会上都是致命的。但是,如果我们不能及时地从源头上遏制工会权力,那么工会将很快面临被采取措施的要求,这些措施对个体工人(如果不是对工会领袖的话)而言,比让工会服从法治更为令人反感:要求政府固定工资,或完全废除工会的呼声很快就会高涨。

---

〔1〕 参见:J. R. Hicks,"Economic Foundations of Wage Policy",*Economic Journal* LXV (1955),esp. p. 391:

> 我们现在生活的世界是货币体系变得相对有弹性的世界,因此它可以适应工资的变化,而不是相反。实际工资不必将自身调整到均衡水平,货币政策会调整货币工资的均衡水平,使其符合实际水平。可以毫不夸张地说,我们不是在采用金本位,而是在采用劳动力本位。

另见同一作者后来的文章:"The Instability of Wages",*Three Banks Review*, no. 31 (September, 1956)。

走向中央控制

与其他领域一样，在劳动领域内，取消作为指导机制的市场，将需要使用行政命令制度来代替它。哪怕是为了稍稍接近市场的指示功能，这种命令都必须去协调整个经济，并因此最终必须来自一个单一的中央当局。尽管这种当局最初可能只关心劳动力的分配和报酬，但其政策必然导致整个社会转变为一个中央计划和管理的系统，并造成各种经济后果和政治后果。

在那些通货膨胀趋势已经持续一段时间的国家中，我们可以看到对"总体工资政策"的需求日益频繁。在趋势最为明显的这些国家，特别是在英国，左翼知识领袖们似乎已经接受这样一种学说，即工资通常应由"统一政策"决定，这最终意味着政府必须做出决定。[1] 如果市场因此被不可挽回地剥夺了它的功能，那么除了由当局来决定工资以外，就没有有效的方式在整个行业、地区和职业中分配劳动力。通过建立具有强制性权力的官方调解和仲裁机制，以及设立工资委员会，我们正一步步通往这样一种局面，其中工资将由当局的武断决定来确定。

---

〔1〕 参见：W. Beveridge, *Full Employment in a Free Society* (London: George Allen & Unwin, 1944); M. Joseph and N. Kaldor, *Economic Reconstruction after the War* (handbooks published for the Association for Education in Citizenship [London, n. d.]); Barbara Wootton, *The Social Foundations of Wage Policy* (London: George Allen & Unwin, 1955)。关于讨论的现状，参见：D. T. Jack, "Is a Wage Policy Desirable and Practicable?", *Economic Journal* LXVII (1957)。这一发展的某些支持者似乎认为，这种工资政策将由"劳动力"实施，这大概意味着所有工会的共同行动。这似乎既不是有可能性的安排也不是有可操作性的安排。许多工人群体理应反对由所有工人以多数票决定其相对工资，而允许这种安排的政府实际上会将所有对经济政策的控制权移交给工会。

所有这一切,无非是现行工会政策的必然结果,这些工会被一种愿望所引导,希望看到工资是由某种“公正”设想,而不是由市场力量来确定的。但是,没有任何一个可行的体系会允许一个团体通过暴力威胁来执行它认为应该采取的行动。并且,如果大多数重要的劳动部门——不仅是少数特权团体——已经有效地组织起来并采取强制行动,则允许每个人独立行动不仅会带来公正的反面,而且会造成经济混乱。如果我们不能再依靠市场以非人为的方式来确定工资,那我们能够维持可行的经济体系的唯一方法就是由政府命令式地确定工资。这种确定必然是武断的,因为不存在可适用的客观公正标准。[1] 正如所有其他价格或服务一样,对所有求职者开放机会时的工资率并不对应于任何可评估的品行或任何独立的公正标准,而是必须取决于一些任何人都无法控制的条件。

一旦政府承担整个工资结构的确定,并因此被迫控制就业和生产,对工会现有权力的破坏就会比工会服从于平等的法律规则的情况更大。在这样的制度下,工会只能选择要么成为政府政策

---

〔1〕 参见,例如,Barbara Wootton, *Freedom under Planning*, p. 101:

> 然而,持续使用“公平”等术语是非常主观的:不能暗示任何公认的道德模式。所以,被要求负责“公平公正”行事的可怜的仲裁员必须在没有意义的情况下表现出这些特质。因为除了接受的行为规范之外,没有公平或公正的事情。没有人可以在真空中保持公正。一个人只能在板球比赛中担任裁判,因为存在规则,或在拳击比赛中担任裁判,只要某些打击(如腰带以下的打击)是被禁止的。所以,如在确定工资中一样,没有规则也没有行为规范,公正的唯一可能解释就是保守主义。

还有 Kenneth F. Walker, *Industrial Relations in Australia* (Cambridge, Mass.: Harvard University Press, 1956), p. 362:“与普通法院相反,我们要求行业法庭裁定的问题不仅没有明确的法律,甚至没有任何普遍接受的公平或正义标准。”比较:Gertrud Williams [Lady Williams], “The Myth of ‘Fair’ Wages”, *Economic Journal* LXVI (1956)。

的自愿工具并被纳入政府机构，要么被彻底废除。工会更有可能选择前者，因为这将使现有的工会官僚保持其职位和某些个人权力。但是，对于工人来说，这意味着完全服从于公司制国家的控制。大多数国家的情况让我们别无选择，只能等待这样的结果或沿原路返回。工会的当前地位无法持续，因为它们只能在市场经济中运作，而市场经济正是它们竭尽全力要摧毁的。

“不容置疑”的工会权力

工会问题既是对我们原则的良好考验，也是对侵犯这些原则的后果的有益说明。由于各个政府未能履行防止私人强制的职责，因此，为了纠正这种失败的后果，它们现在被驱赶到超出其恰当职能的范围，从而导致它们只能像工会一样武断地执行任务。只要人们认为允许工会获得的权力是不容置疑的，就没有办法纠正工会所造成的伤害，而只能给国家更大的武断的强制性权力。实际上，我们在劳动领域里的法治已经明显下降。[1] 然而，纠正这种情况真正需要做的是回归法治原则，并由立法和行政当局一贯地应用这些原则。

然而，这条路仍然被所有流行论证中最愚蠢的那一条所阻碍，

---

〔1〕 参见 Petro，*The Labor Policy of the Free Society*，pp. 262ff.，特别是 p. 264：“我将在本章中表明，劳资关系中不存在法治；只有在特殊情况下，一个人才有权在法庭上出庭，无论他受到了多么非法的伤害。”以及 p. 272：

> 国会已授予国家劳资关系委员会（NLRB）及其总法律顾问任意权力，以拒绝对受伤者进行听证，对于那些受到伤害的人——被联邦法律禁止的行为——国会已经关闭了联邦法院。但是，国会并没有阻止非法伤害人员寻求他们可以在州法院找到的任何补偿。最高法院打击了这一理想，即每个人都有权在法庭上出庭。

即“我们不能让时钟倒转”。人们不禁会好奇,那些习惯于使用这种陈词滥调的人,是否意识到它表达了一种宿命论的信念,即我们无法从错误中学到东西,这是最可怜地承认了我们无力利用我们的智慧。我不相信目光长远的人会不相信还存在另一种令人满意的解决方案,如果大多数人充分了解当前的发展趋势,他们就会有意选择这种方案。有迹象表明,有远见的工会领袖也开始认识到,除非我们要任由自由逐步消失,否则我们就必须扭转这一趋势,并决心恢复法治,并且,为了保存工会运动中有价值的东西,他们必须放弃引导工会已久的幻想。[1]

让现行政策重新遵循已被放弃的原则,将使我们避免对自由的威胁。所需要的是改变经济政策,因为在当前形势下,在连续的紧急情况下,政府的短期需求似乎需要采取的战术决策只会使我们进一步陷入武断控制的灌木丛中。追求矛盾目标所必需的权宜之计的累积效应,必然被证明在战略上是致命的。正如所有经济政策问题一样,工会问题不能通过对特定问题的临时决定来令人满意地解决,而只能通过始终贯彻统一地应用在所有领域中的原则来解决。只有这样一个原则可以维护一个自由社会,即除了执行同样适用于所有人的一般抽象规则外,严格预防一切强制。

(《自由宪章》,摘自第 18 章)

---

〔1〕 据说英国工会代表大会主席查尔斯·戈德斯(Charles Geddes)先生在 1955 年曾说过:

> 我认为,英国的工会运动不可以在强迫的基础上生存更长时间。无论人们是否喜欢我们的政策,他们都必须要么属于我们,要么挨饿吗?不。我相信工会卡是一种被授予的荣誉,而不是一个表示无论你是否喜欢,都必须做某事的徽章。我们希望有权在必要时将人们排除在我们的工会之外,而我们不能基于“属于或挨饿”来做到这一点。

17.(1)通货膨胀——短期权宜之计
(2)通货膨胀——欺骗是短暂的

在这两个摘录的第一个里，哈耶克教授指出，通货膨胀在其初始阶段的一个影响是让那些否则将遭受损失的企业免于破产。但随着通货膨胀的发展和人们对它产生的预期，成本会按预期增加，利润会缩减到**非**通胀水平（按实际价值计算），并且开始出现明显的通缩症状。

在第二个摘录里，哈耶克教授根据当前不可改变的历史环境，即保持综合价格指数的稳定性，概述了货币稳定的非通胀标准。考虑到早期摘录中概述的工会工资率政策的变化，这种货币政策也会使总就业稳定。

哈耶克教授强调了通货膨胀的两个社会危险。首先，通过破坏储蓄和固定收入的价值，它造成了老年人的贫困问题，以及富裕的少数人与无产的多数人之间的危险差距。其次，它强化了在制定政策时对考虑长期影响的厌恶。

17.(1)通货膨胀——短期权宜之计

尽管有少数人故意主张价格持续上涨，但现有通胀偏见的主要来源是，人们普遍认为通货紧缩——通货膨胀的反面——更令人担忧，为了安全起见，最好在膨胀方向上持续存在误差。但是，由于我们不知道如何保持价格完全稳定，并只能通过纠正任一方向的小幅波动来实现稳定，因此，不惜一切代价来避免通货紧缩的决心必将导致累积性的通货膨胀。同样，通货膨胀和通货紧缩往往是局部现象或地区现象，作为重新分配经济资源的机制的一部分，两者必然发生，而这一事实意味着，防止任何通货紧缩影响经济的主要领域的努力必定导致总体通货膨胀。

通货膨胀类似于吸毒

然而，从长期来看，通货紧缩是否真的比通货膨胀更有害，这点令人怀疑。确实，有一种观点是，通货膨胀会更加危险，需要更加谨慎地加以防范。在这两种错误中，通货膨胀是最有可能犯下的错误。其原因是，适度的通货膨胀在其运行中通常是令人愉悦的，而通货紧缩则会立即而猛烈地让人感受到痛苦。[1] 我们几乎没有必要预防这种被立即而猛烈地感受到的不良影响，但我们有必要预防这样的行动，即它们会立即令人愉快或减轻暂时的困难，而这会让我们陷入只有在以后才能感受到的更大危害。人们经常把通货膨胀与吸毒相提并论，实际上，这两者之间不只是有表面上的相似性。

通货膨胀和通货紧缩都会通过引起预期之外的价格变化产生特殊的影响，并且，两者都必定会两次使人们的预期落空。第一次是价格高于或低于预期时，第二次是当这些价格变化被人们预料

〔1〕 比较：W. Röpke, *Welfare, Freedom, and Inflation* (London: Pall Mall Press, 1957)。

到(这迟早会发生)并且不再具有未被预料的情况下的后果时。通货膨胀与通货紧缩的区别在于,前者首先带来令人开心的惊喜,然后才是反应,而后者对商业的第一个影响就是带来萧条。但这两者的效应都是自我逆转的。在一段时间内,引起上述两种情况的力量往往会不断增加,因此价格上涨的速度可能会超出预期。但是,除非价格运动在同一方向上持续加速,否则预期就必然追上它们。一旦发生这种情况,这些效应的特征就会改变。

通货膨胀起初只会造成这样的情况:更多人会获利,并且利润通常比往常更大。几乎所有事情都能成功,几乎没有失败。利润一次又一次地大于预期,数量不同寻常的企业获得成功,这样的事实产生了乐于冒险的普遍氛围。即便是那些本来会被挤出行业的人——没有意外的价格普遍上涨所带来的意外之财的话——也能继续维持经营并保留他们的雇员,期望他们不久也能分享普遍的繁荣。然而,这种情况只会持续到人们开始期望价格继续以同样的速度上涨。一旦他们开始指望价格在这么多个月的时间里上涨百分之几,他们就抬高生产要素的价格,将这些要素的成本确定为与他们预期的未来价格相对应的水平。如果接下来价格的涨幅不超过预期,则利润将恢复正常,获利比例也会下降;而且,由于在获利丰厚的时期,许多原本会被迫改变工作方向的人维持了下来,因此比通常比例更高的人将蒙受损失。

因此,通货膨胀的刺激作用只有在未预见的情况下才会发挥;一旦被预见,通货膨胀就只有以增加的速度持续下去,才能保持同样的繁荣。如果在这种情况下价格的涨幅低于预期,其效应就会与未被预见的通货紧缩的效应相同。即使它们的增幅与普遍预期的一样大，也将不再提供额外的刺激措施，而是将掩盖暂时刺激措施持续期间已推迟的全部调整积压。为了使通货膨胀保持其最初的刺激作用，它必须以总是快于预期的速度继续增长。

加速通货膨胀

在此我们无法考虑所有复杂因素，这些复杂因素使适应预期的价格变化永远不可能变得完美，特别是对长期预期和短期预期进行同等调整的情况下；我们也不能探究对当前生产和投资产生的不同影响，而这对全面考察工业波动至关重要。对于我们的目的，知道以下就足够了：除非逐步提高通货膨胀率，否则通货膨胀的刺激作用就必然停止，而且随着通货膨胀的进行，这一事实——对其不可能完全适应——的某些不利后果变得越来越严重。其中最重要的是，只有在货币价值可容忍地稳定的情况下，所有商业决策所依据的核算方法才有意义。随着价格的加速上涨，作为所有商业计划基础的资本和成本核算技术很快将失去意义。实际成本、利润或收入很快将无法通过任何常规或普遍接受的方法来确定。而且，根据现在的征税原则，越来越多的东西将被视为利润而被征税，而实际上，仅仅为了维持资本，它们就应该被用于再投资。

因此，通货膨胀从来就不过是暂时的刺激，甚至这种有益的效果，也只有有些人继续受骗，并且某些人的预期不必要地失望时才可能持续。它的刺激作用是由于它所产生的错误。它之所以尤为危险，是因为，即使是小剂量的通货膨胀的有害后遗症，也只有通过大剂量的通货膨胀才能延缓。一旦它持续了一段时间，即使阻止其进一步加速，也会导致这样一种局面：很难避免一场自发性的通货紧缩。一旦某些活动的扩大只能通过持续的通货膨胀来维持，则它们的同时中断就可能产生一个恶性的和有理由令人害怕的过程，在这一过程中，某些收入的减少会导致其他收入的减少等。据我们所知，似乎仍然应该能够通过预防经常出现在前面的通货膨胀来预防严重的萧条，但是一旦它们出现，我们就无能为力了。不幸的是，应该担心萧条的时候，正是萧条在大多数人看来最遥不可及的时候。

阻力最小的路径

通货膨胀的作用方式解释了为什么当政策主要针对特定情况而非一般情况，以及针对短期问题而非长期问题时，会如此难以抗拒。对于政府和私营企业而言，它通常是摆脱任何暂时性困难的简便方法——它是阻力最小的路径，有时也是帮助经济克服政府政策所设置的所有障碍的最简单方法。[1] 它是一种政策的必然结果，该政策将所有其他决策视为数据——必须据此调整货币供应量，以使其他措施所造成的损害尽可能不那么引人注意。但是，从长远来看，这样的政策使政府成为它们自己早期决定的俘虏，这常常迫使政府采取它们认为有害的措施。某位作者的观点——也

---

〔1〕 比较我的论文："Full Employment, Planning, and Inflation", *Review of the Institute of Public Affairs* IV (Melbourne, Victoria, Australia, 1950); *Vollbeschäftigung, Inflation und Planwirtschaft, ed. A. Hunold* (Zurich, 1951); F. A. Lutz, "Inflationsgefahr und Konjunkturpolitik", *Schweizerische Zeitschrift fur Volkswirtschafi und Statistik* XCIII (1957), and "Cost-and Demand-Induced Inflation", *Banca Nazionale de Lavoro Quarterly Review* XLIV (1958)。

许是被误解了——比其他任何人的观点更能鼓励这些通货膨胀倾向，绝非偶然的是，他也应为这句从根本上反自由主义的格言负责："从长期来看，我们都死了。"[1]当今的通货膨胀偏好，在很大程度上是短期观点盛行的结果，而短期观点盛行又是由于人们难以认识到当前措施所带来的更遥远的后果，以及实际操作者（尤其是政客）难免会专注眼前的问题和近期目标的实现。

由于预防通货膨胀在心理上和政治上比通货紧缩要困难得多，并且，与此同时，在技术上要容易得多，因此，经济学家应该始终强调通货膨胀的危险。一旦我们察觉到通货紧缩，就会立即尝试与之抗衡——通常，它还只是一个不需要预防的地方性必要过程。相比我们可能不采取必要的对策，更大的危险是对通货紧缩过早的恐惧。虽然没有人会将地方的或部门的繁荣误认为通货膨胀，但出现地方的或部门的萧条时，人们常常要求完全不适当的货币对策。

这些考虑似乎表明，总的来说，相比这样的原则（赋予当局更多权力和自由裁量权，从而使它们更容易受政治压力和自身倾向的影响，以至于高估了当下情况的紧迫性），也许某种机械规则（其目标在于长期来看可取的东西，并且在短期决策中约束当局的"手"）可能产生更好的货币政策。然而，这提出了我们必须更系统地处理的问题。

---

〔1〕 J. M. Keynes, *A Tract on Monetary Reform* (London: Macmillan, 1923), p. 80.

17.(2)通货膨胀——欺骗是短暂的

我当然不希望削弱任何支持迫使当局采取正确行动的安排的理由。随着货币政策受到公共财政因素影响的可能性越来越大,支持这种机制的理由就越来越强;但是,如果我们夸大它所能实现的目标,那么它将削弱而不是加强这种论点。或许不可否认的是,尽管我们可以限制这一领域的自由裁量权,但我们永远无法消除它;结果,在不可避免的自由裁量权范围内可以做的事情不仅非常重要,而且在实际操作中甚至有可能决定该机制是否将被允许运行。

有限的中央银行影响

所有中央银行都面临一个基本的两难困境,这使得它们的政策不可避免地必须涉及很多自由裁量权。中央银行只能对所有流通媒介进行间接的——因此是有限的——控制。它的权力主要基于在需要时不提供现金的威胁。然而,与此同时,人们认为永不拒绝在需要时以一定价格提供现金是其职责。必然让中央银行家全神贯注的正是这个问题,而不是政策对价格或货币价值的一般影响。这项任务使中央银行有必要不断地预判或消解信贷领域的发展,而对于这个目的,并没有简单的规则可以提供足够的指导。[1]

对于旨在影响价格和就业的措施,情况几乎同样如此。这些

---

〔1〕 参见我的论文"Monetary Nationalism and International Stability"。

措施必须更多地在变化发生之前就进行阻止,而不是在变化发生之后进行纠正。如果中央银行一直等到规则或机制迫使其采取行动,那么所产生的波动将远远大于需要产生的波动。而且,如果在其自由裁量权的范围内,它所采取的措施与机制或规则稍后施加给它的方向相反,则可能造成该机制不再被允许运行的情况。因此,最终,即使在当局的自由裁量权受到极大限制的情况下,结果也可能取决于当局在其自由裁量权范围内的所作所为。

这实际上意味着,在当前条件下,我们别无选择,只能通过规定其目标而不是具体行动来限制货币政策。今天的具体问题是:它应该保持稳定的一定水平的就业,还是一定水平的价格?如果合理解释并适当考虑在给定水平附近不可避免的微小波动的可能性,则这两个目标不一定是矛盾的,前提是将货币稳定的要求放在首位,而其他的经济政策则要适应这些要求。但是,如果将"充分就业"作为主要目标,并且将它解释为——有时候就是如此——可以通过货币手段在短期内产生的最大就业机会,就会产生冲突。这条路通向渐进式通货膨胀。

高而稳定的就业水平这个合理目标是可以确保实现的,并且我们知道如何在保持某些综合价格水平稳定的同时实现这一目标。

出于实际目的,如何精准定义该价格水平可能并不十分重要,只是它不应该仅指最终产品(因为如果这样的话,在技术飞速发展的时代,它仍然可能产生明显的通胀趋势),并且它应该尽可能地基于国际价格而非当地价格。如果两三个主要国家同时采取这种政策,那么它也应该与汇率的稳定相协调。重要的是,将存在一个确切的已知界限，货币当局将不允许价格波动超过这个界限，甚至接近它都会让政策的急剧逆转成为必要。

对通货膨胀的微弱反对

尽管可能有人明确主张持续的通货膨胀，但我们会得到通货膨胀肯定不是因为大多数人想要它。很少有人愿意接受通货膨胀，如果有人指出，即使价格以每年3%这样一个看似温和的幅度上涨，这也意味着价格水平每二十三年半会翻一番，并且在正常人的工作寿命中会翻两番。通货膨胀将持续存在的危险，与其说是由于有意主张通货膨胀的人的力量，倒不如说是由于反对者的软弱。为了防止通货膨胀，有必要让公众清楚地意识到我们可以做的事情以及不做这些事情的后果。大多数有能力的学者同意，防止通货膨胀的困难只是政治上的，而不是经济上的。然而，看起来几乎没有人认为，货币当局有权力阻止通货膨胀并会行使这种权力。对货币政策将要实现的短期奇迹的最大乐观，伴随着对其长期会造成什么的完全的宿命论。

有两点不管我们怎么强调都不为过：第一，似乎可以肯定的是，除非我们停止通货膨胀的趋势，否则我们会无法停止向越来越多的国家控制转变。第二，任何的价格持续上涨都是危险的，因为，一旦我们开始依靠它的刺激作用，我们就参与了这样一种让我们别无选择的进程：要么是更多的通货膨胀，要么是通过经济衰退或萧条来弥补我们的错误。即使是非常温和的通货膨胀，也是危险的，因为它会通过制造这样一种局面来束缚政策负责人的“手”：

在这种局面下,每当出现问题时,多一点通货膨胀似乎是唯一的简便出路。

我们没有篇幅来谈及个人保护自己免于通货膨胀的各种努力途径,例如浮动合同[1]——它不仅会使该过程自我加速,而且会增加维持其刺激作用所需的通胀率。这里,我们简单提一下:通货膨胀使中等收入的人越来越无法自己养老;通货膨胀不鼓励储蓄,而是鼓励负债;而且,通过摧毁中产阶级,它在完全无财产的人与富人之间造成了危险的鸿沟,而这种鸿沟正是经历了长期通货膨胀的社会的特征,也是造成这些社会如此紧张的根源。也许更为不祥的是更广泛的心理效应,即这些已经主导公共政策的想法在广大民众中的传播:无视长期观点,而只关注眼前利益。

那些希望更多政府控制的人普遍主张——尽管遗憾的是,并非只有他们在主张——通货膨胀政策,这绝非偶然。通货膨胀所产生的个人对政府的依赖性增加,及其导致的对更多政府行动的需求,对于社会主义者来说可能是有利的论据。然而,那些希望维护自由的人应该认识到,通货膨胀可能是这种恶性循环(其中一种政府行为会使越来越多的政府控制成为必要)中最重要的单个因素。出于这个原因,所有希望阻止朝着增加政府控制的方向前进的人,都应该将他们的努力集中在货币政策上。也许没有比这一事实更令人沮丧的了:仍然有许多聪明而有见识的人,他们在大多数其他方面捍卫自由,却被扩张主义政策的眼前利益所吸引,支持从长期来看必然摧毁自由社会基础的东西。

(《自由宪章》,第 330 页至第 333 页,第 336 页至第 339 页)

---

[1] 这种合同可以规定工资率随着生活成本的提高而提高。——译者注

重申主题

18.对凯恩斯的个人回忆

哈耶克教授在这里汇集了他对凯恩斯和宏观方法的批评中的一些主要思路。他指出,凯恩斯主义所谓的"充分"**失**业概念隐含地假定了**所有**资源都是自由可用的,以及货币收入的任何增加都会增加产出,因此复活了通胀主义的谬误——在1931年,他认为这种谬误已经被根除了。哈耶克教授强调,凯恩斯主义的思维方式系统性地消除了考虑在现实世界中发挥作用的价格相互关系;《通论》在很大程度上只是一本时论集册。

即便对那些了解凯恩斯,但绝不会接受他的货币理论,并认为他的言论时不时就有些不负责任的人来说,他给人留下的印象仍然是难忘的。特别是，对于我这一代人（他比我大 16 岁）来说，早在他作为经济理论家获得真正声誉之前，他就是一位英雄了。那个有勇气抗议 1919 年和约的经济条款的人，不正是他吗？我们欣赏他那些才华横溢的著作，因为它们直言不讳、思想独立，尽管一些更年长、更敏锐的思想家立刻指出了他论点中的某些理论缺陷。我们中那些有幸与他见面的人，很快就会感受到这位杰出的谈话高手的吸引力——他兴趣广泛、声音迷人。

1928 年，我在伦敦的商业周期研究所的某次会议上第一次遇到他，虽然我们立即就利息理论的某些问题发生了我们的首次强烈分歧，但我们后来仍然是有着许多共同兴趣的朋友——尽管我们很少在经济学上达成一致。他的举止有些令人生畏，会试图粗鲁地对待一个年轻人的反对，但如果这个人不屈服于他，那么即使他不同意，他也会永远尊重这个人。我在 1931 年从维也纳搬到伦敦后，我们有了很多机会通过口头和书信进行讨论。

凯恩斯改变了他的想法

我曾经答应《经济学刊》评论它刚刚出版的《货币论》，并且我花了很大的工夫撰写了两篇关于它的长文。对于其中的第一篇，凯恩斯通过反击我的《价格与生产》做出了回应。我认为，我已经基本驳倒了他的理论架构（基本上体现在第一卷里），尽管我非常钦佩包含在这部著作第二卷里的许多深刻但不系统的见解。所有这些努力看起来都白费了，我非常失望，因为在我文章的第二部分发布后，他告诉我，在此期间他改变了他的想法，不再相信他在那本著作中所说的话。

在他出版那本如今已闻名于世的《通论》时，我没有再次抨击——我后来为这个事实自责不已，这就是原因之一。我担心，在我完成分析之前，他会再次改变他的想法。虽然他将其称为“通”论，但对我而言，它显然是又一本时论集册，以他所认为的政策上的暂时需求为条件。然而，还有一个原因，对这个原因我当时只有模糊的感觉，但回想起来，我认为是决定性的：我对那本书的不同意见，与其说是关于其分析中的任何细节，不如说是关于整个著作所遵循的一般方法。真正的问题是我们现在所说的宏观分析的有效性，并且，我现在认为，从长远来看，《通论》的主要意义似乎是，它比任何其他著作都更具决定性地促进了宏观经济学的兴起和微观经济理论的暂时衰落。

稍后我将解释为什么我认为这种发展从根本上是错误的。但首先我要说，凯恩斯应该对这种向宏观理论的转变负责，这简直是一种命运的讽刺。因为他实际上没怎么考虑当时刚刚流行起来的那种计量经济学，并且我认为他并没有促进它。他的想法完全植根于马歇尔经济学，这实际上是他唯一了解的经济学。凯恩斯在很多领域有涉猎，但他在经济学上所受的教育则有些狭隘。除了法语之外，他不懂任何外语，或者，正如他曾经说过的那样，用德语他只能理解他已经知道的东西。一个不寻常的事实是，在第一次世界大战之前，他曾为《经济期刊》评论过路德维希·冯·米塞斯的《货币理论》(*Theory of Money*)[1](就像 A. C. 庇古在早些时候评论维克塞尔一样)，却丝毫没有从中受益。我恐怕必须承认，在

〔1〕 指《货币与信用理论》。——译者注

凯恩斯开始发展自己的理论之前，他并不是一位训练有素或经验十足的经济理论家。他从相当初级的马歇尔经济学起步，并且对瓦尔拉斯和帕累托、奥地利学派和瑞典学派所取得的成就一无所知。我有理由怀疑他是否完全掌握了国际贸易理论；我认为他从未系统地思考过资本理论，即便在货币价值理论中，他的出发点（后来成为他批评的对象）似乎也是一种非常简单的数量理论交换方程式，而不是阿尔弗雷德·马歇尔（Alfred Marshall）那种更为复杂的现金余额方法。

总量思维

毫无疑问，从一开始，凯恩斯就非常注重总量思维，并总是做出**不可信**的全局估计（有时非常空洞）。在 20 世纪 20 年代由英国重返金本位引发的讨论中，他的论点就完全依据的是价格水平和工资水平，实际上完全无视相对价格和工资的结构，后来他对这一信念越来越坚定：因为这些平均值和总量在统计上是可以测量的，所以它们在因果关系上也至关重要。他的最终构想完全基于这样的信念，即在总需求、投资或产出之类的“可衡量”总量之间存在相对简单且恒定的功能关系，并且这些假定的“常数”凭经验确定的值将使我们能做出有效的预测。

然而，在我看来，不仅没有任何理由假设这些“函数”将保持不变，而且我相信，微观理论早在凯恩斯之前很久就已经证明它们不可能是恒定的，而是会随着时间的推移而变化的——不仅是在数量上，甚至符号上都会发生变化。这些关系是怎么样的——所有宏观经济学都必须将其视为准常数——其实取决于微观经济结构，尤其取决于不同价格之间的关系，而这是宏观经济学所系统性忽略的。由于微观经济结构的变化，它们可能发生非常迅速的变化，基于它们不变的假设所得出的结论必然产生误导。

让我以对消费者财货的需求与投资额之间的关系为例。毫无疑问，在某些情况下，对消费者财货需求的增加**将**导致投资的增加。凯恩斯认为情况总是如此。但是，可以很容易地证明事实并非如此，并且，在某些情况下，对最终产品的需求增加必然导致投资**减少**。第一种通常只有在如凯恩斯一般假设的那样，当所有生产要素和各种商品都存在未被利用的储备时才成立。在这种情况下，有可能同时增加消费者财货的生产和资本财货的生产。

但是，如果经济体系处于充分就业或接近充分就业的状态，则情况完全不同。这样一来，仅通过至少暂时减少消费者财货的产出就可以增加投资财货的产出，因为要增加投资财货的产出，就必须将要素从消费者财货的生产转移到投资财货上。

充分就业假设

凯恩斯在这里似乎被一个错误所误导，这个错误与他指责古典经济学家的错误相反。仅凭部分理由，他就宣称古典主义者的论证是基于充分就业的假设，而他自己的论证是基于所谓的充分**失**业的假设，即通常存在所有要素和商品未被利用的储备的假设。但是，后一种假设不仅至少和前一种假设一样不太可能是真的，且它更具有误导性。对充分就业的假设进行分析，即使该假设仅部分有效,至少也有助于我们理解价格机制的运作、不同价格之间的关系的重要性,以及导致这些关系发生变化的因素的重要性。但是,所有财货和要素都过剩的假设使整个价格系统变得多余、不确定且难以理解。实际上,凯恩斯的一些最正统的门徒,似乎始终把所有传统的价格决定和分配理论——所有这些都曾是经济理论的支柱——都抛在脑后,并因此在我看来似乎不再理解经济学。

不难发现,这种认为创造更多货币将导致创造相应数量财货的观念,必然导致更原始的通货膨胀谬误的复兴——我们曾认为经济学已经彻底根除这些谬误。我毫不怀疑,我们应将战后的通货膨胀归因于这种过度简化的凯恩斯主义。凯恩斯本人并不会同意这一点。的确,我可以肯定的是,如果他活着,那么他将成为那个时期对抗通货膨胀最坚定的战士之一。大约是我最后一次见到他时,也就是他去世前几周,他或多或少明确地告诉了我。因为他当时的讲话在其他方面很有启发性,所以值得一提。我问他,是否对某些门徒将自己的理论付诸实践感到担忧。他的回答是,在 20 世纪 30 年代迫切需要这些理论,但是如果这些理论变得有害,我可以放心他会迅速改变舆论。我要怪他的是,他把一本时论集册称为“通论”。

事实是,尽管凯恩斯喜欢扮演卡桑德拉[1]——她可怕的预言没有被听取——他真的对自己的说服力充满信心,并相信自己可以像演奏大师摆弄乐器那样摆弄公众舆论。根据天赋和气质,他更像是一位艺术家和政客,而非一名学者。尽管他拥有极佳的思

〔1〕 卡桑德拉(Cassandra)是希腊、罗马神话中特洛伊的公主,她具有预知未来的能力,但命中注定不为人所相信。——译者注

维能力,但他的思维受美学和直觉的影响与受纯理性因素的影响一样大。知识对他来说很容易,他拥有非凡的记忆。但是直觉使他在论证结果之前就已经确定了这些结果,并导致他反过来又通过完全不同的理论论证来证明相同的政策是合理的,这使他对缓慢而艰苦的智识工作感到不耐烦,而知识通常是通过这种智识工作来提高的。

他是如此多面,以至于评价他这个人的时候,有人认为他的经济学既虚假又危险都几乎无关紧要了。如果考虑到他在经济学上所花费的时间和精力所占的份额很小,那么他对经济学的影响以及他首先被视为经济学家的事实既是奇迹,也是悲剧。即使他从未写过"经济学",也会被所有认识他的人铭记为伟人。

我无法根据个人的知识来谈论他在生命的最后五六年内(此时他已经是一个病人)对国家的服务,此时他将所有精力都投入了公共服务。但是,正是在那些年里,我看到了他的各个方面,并且开始深入了解他。战争爆发时,伦敦经济学院被转移到剑桥,在1940年,当我必须完全住在剑桥时,他在他的学院为我找到了住所。我和他经常在周末见面(因为他喜欢剑桥的安静),与他的交情也不仅限于工作。也许是因为他正在寻求摆脱繁重工作的束缚,或者是因为所有与他的公务有关的事情都是秘密,所以他所有的其他兴趣才最清楚地表现出来了。尽管他在战前减少了业务往来并放弃了学院的基金主管一职,但在公职之外他还积极从事的兴趣和活动将耗尽大多数其他人的全部力量。他像往常一样关注艺术、文学和科学上的事,并总是表现出强烈的个人喜好和厌恶。

广泛的智识兴趣

我尤其记得一个场景，在我看来，这个场景似乎颇具代表性。战争结束了，凯恩斯刚刚从一次对华盛顿的正式访问中返回，这是一件后果严重的要事，人们以为这会吸取他的全部精力。然而，他在当晚的某个时间招待了我们一群人，并详细介绍了美国伊丽莎白时代藏书的状态，似乎这项研究是他此行的唯一目的。他本人就是这个领域的杰出收藏家，也收藏了同一时期的手稿和现代绘画。

正如我之前提到的，他的智识兴趣在很大程度上也取决于其审美偏好。这不仅适用于文学和历史，而且适用于其他领域。16 世纪和 17 世纪都对他都有极大的吸引力，他的知识——至少在某些部分——是专家级的知识。但是他很不喜欢 19 世纪，偶尔会表现出对经济学乃至经济学史缺乏了解，这令经济学家感到惊讶。

在这篇短文中，我甚至无法勾勒出引导凯恩斯思维的一般哲学和生活概要。这是一项尚未尝试的任务，因为关于这个问题，罗伊·哈罗德(Roy Harrod)爵士那本才华横溢且极为坦率的传记是远远不够的——也许是因为他如此彻底地赞同并因此理所当然地接受了主导凯恩斯那一代的独特的理性主义类型。对于那些想了解更多相关知识的人，我强烈建议他们阅读凯恩斯自己的文章《我的早期信仰》(My Early Beliefs)，这篇文章发表在《两本回忆录》(*Two Memoirs*)中。

最后，我想谈谈凯恩斯主义理论的未来。也许从我已经说过的话中可以明显看出,我相信,这不取决于未来对凯恩斯的特殊定理的讨论,而是取决于未来对社会科学适当方法的看法的发展。凯恩斯理论将仅仅作为一种通用方法的最突出和最有影响力的例子出现,而这种通用方法的哲学论据似乎非常值得怀疑。尽管由于凯恩斯理论依赖表面上可测量的量,**乍看之下**似乎比旧的微观理论更加科学,但在我看来,它以忽略实际支配经济体系的关系为代价,实现了这种伪精确性。即使微观经济学的纲要并没有声称实现宏观经济学的雄心所追求的那些定量预测,但我相信,通过学习用前者的谦虚目标来满足自己,我们至少能深入了解经济生活的复杂秩序所依据的原理,而不是通过宏观理论所必需的人为简化(这种简化往往掩盖了几乎所有真正重要的事物)。我敢预测,一旦这个方法问题得以解决,"凯恩斯革命"将成为这一时期的一段插曲:在这一时期,对适当科学方法的错误理解导致许多重要洞见的暂时消失,这些洞见我们曾经取得,又将痛苦地重新获得。

(《对凯恩斯的个人回忆与"凯恩斯革命"》)

19.一般工资与相对工资

这两份摘录(摘自《作为一种发现过程的竞争》的论文草稿——后来发表在德语修订版中)提出了两个要点。

哈耶克教授首先强调了,价格体系(尤其是价格变化)作为一种手段,使经济适应不可预见的变化——它们构成了现实世界——的作用。如果没有这种连续的调整,则实际收入和实际资源的存量必然低于它们在最佳利用价格体系的情况下能达到的水平。哈耶克教授在此发展了价格体系作为经验知识发送器的概念,这个概念是他在早期论文《经济学与知识》(1937)和《知识在社会中的运用》(1945)中首次系统性地提出的。

在第二部分摘录中,哈耶克教授将这种方法应用于劳动部门,表明了相对工资率的变化在行业之间具有重新分配劳动力的作用,因此有利于持续适应不断变化的情况——即使是为了维持实际收入和财富。如果工会等机构阻止了工资水平的这种变化,那么社区的实际总收入将保持在本来可能达到的水平以下。

对于用非市场的工资率确定——无论是通过工会还是其他主体——来作为提高工人阶级**所有**成员实际收入的方法的无效性,这里陈述了理由。

对市场是一种可以并且应该以预定的重要性顺序来满足不同需求的经济的误解,其后果在为了所谓的“社会正义”而改变价格和收入的政策努力中尤为明显。无论社会哲学家对“社会正义”这个概念赋予了什么含义,在经济政策的实践中,它几乎仅意味着一件事:保护群体免于绝对或相对物质地位(他们在社会中占据这个地位已有一段时间了)下降的需要。但这并不是一个这样的原则:可以据此来采取一般行动,而不会破坏市场秩序的整体基础。不仅是在目前的实际收入水平上持续增长,而且在某些情况下,哪怕是维持该水平,都取决于适应不可预见的变化;这种适应涉及减少某些人的相对——也许甚至是绝对——份额,尽管这些人对局势没有任何责任。

不可预测性与价格体系

我们必须始终牢记的一点是，不可预见的变化使得**所有**经济调整都是必要的；运用价格机制的全部目的是告知个人，由于某种原因——不是他们的责任——他们正在做或可以做的事情现在需求变大或变小了。整个活动顺序对变化的环境的适应，取决于为不同活动提供的报酬的变化，而不考虑有关人员的惩罚或过失。

在这一点上，人们经常带着有些被误导的含义（主要问题是促使人们充分发挥自己的作用）来使用“激励”一词。然而，价格提供给我们的主要引导，不是**多少钱**，而是做**什么**。在一个不断变化的世界中，即使要维持一定的财富水平，也需要不断改变某些人的活动，而只有增加某些活动的报酬而减少其他活动的报酬，才能实现这一点。我们需要这些调整，仅仅是为了维持相对稳定的条件下的总收入流；在这些条件下，无法实现可以用来补偿因价格变动而受损的人的“剩余”。只有在快速增长的偶合秩序（catallaxy）[1]中，我们才能希望避免某些人的地位的绝对下降。

现代经济学家似乎常常忽略：即使许多被宏观经济学视为数据的总量所显示的相对稳定性，其本身也是一个微观经济过程——相对价格的变化是其中必不可少的一部分——的结果。仅仅由于市场机制，另一个人才介入并填补一个人未能满足其伙伴

〔1〕 这是指那种在一个市场中由无数单个经济彼此调适所促成的秩序。——译者注

的期望而造成的空白。实际上,我们喜欢使用的那些总供需曲线都不是真正客观的给定事实,而是市场持续过程的结果。我们也无法希望从统计信息中了解到对这种不可避免的变化进行调整所必需的价格变化或收入变化。但要点是,在民主社会中,完全不可能通过命令来实行改变——命令总是让人感到不公正,并且其必要性永远无法论证清楚。在这样的政治制度中进行有意的调节必须始终旨在确保价格的公正,这实际上意味着维护传统的收入和价格结构。但是,如果每个人都能得到别人认为自己"应得的"东西,则这样的经济体系一定是效率极低的——不仅是一个令人无法容忍的压迫性制度。因此,每项"收入政策"都可能阻止而不是促进使价格体系适应不断变化的条件而发生的价格变化和收入结构变化。

当前世界上的悖论之一是,非资本主义国家可能比"资本主义"国家更早摆脱"社会正义"的负担,并更会让那些发展不利的人受苦。至少对于某些西方国家而言,这种立场正是因为目前主导政治的意识形态使得这些改变几乎不可能,这些改变是使工人阶级的地位进一步迅速上升所必需的,而它们反过来又会使这种意识形态黯然失色。

工资刚性

市场力量是相对牢固的;当我们认为我们已经把它们驱逐出去时,它们倾向于以最意想不到的方式重申自己。但是,在西方世界,我们已经成功地将最无所不在的生产要素与市场力量隔离开了。人们普遍认为，当代经济政策最严峻的困难是因为通常所说的工资刚性，这实际上意味着工资结构和货币工资水平都越来越不受市场力量的影响。经济学家们通常认为这种刚性是不可逆的，因此我们必须调整我们的政策去适应它。三十年来，关于货币政策的讨论几乎完全与寻求权宜之计来规避它有关。我一直认为，这些货币手段只是**暂时的**出路，只能推迟我们不得不面对核心问题的日子。它们也使真正的解决方案——这是永远无法回避的——变得更加困难，因为通过承认这些刚性是不可改变的，我们增加了刚性，并认可了反社会和破坏性行为的合法性。

我在很大程度上失去了当前讨论货币政策的兴趣，因为在我看来，由于货币政策未能直面核心问题，因此它以一种不负责任的方式将责任推给了我们的继任者。在这方面，我们当然已经在为创造这种风气者的错误承担后果，因为我们已经处于长期——他知道我们将死在该长期。

这些理论是由于特殊又独特的情况而形成的，这对世界来说是一个巨大的不幸，在这种情况下，可以适当地论证失业问题主要是实际工资**水平**过高的问题，并且，更为关键和普遍的工资**结构**灵活性问题是可以被忽略的。由于英国在 1925 年以 1914 年的平价重返金本位，因此这样一种情况就产生了：可以说英国的**所有**实际工资对英国来说都太高了，以至于无法实现必要的出口量。我怀疑其他重要国家是否也是如此，甚至怀疑 20 世纪 20 年代的英国是否也是完全如此。但是，当然，英国拥有当时世界上历史最悠久、最根深蒂固、最全面的工会运动，它的工资政策在很大程度上成功地建立了一种更多是由“正义”因素决定的工资结构，这意味着除了保留传统的工资差异外别无其他，并且，使得适应变化的条件所需的相对工资变化“在政治上不可能”。毫无疑问，当时的情况意味着，充分就业要求必须将某些实际工资——也许是许多工人团体的实际工资——从被通货紧缩提高过的位置降下来。但是，没有人能说这是否必然意味着**所有**实际工资的总体水平下降。将行业结构调整到工资调整可能导致的新条件，可能会使这变得不必要。但遗憾的是，当时**流行的**宏观经济对**平均**工资水平的强调阻止了在当时认真考虑这种可能性。

相对工资的重要性

让我以更一般的形式提出这些条件。毫无疑问，劳动生产力以及实际工资水平取决于其在行业和职业**之间的分布**，而后者又取决于**相对**工资的结构。如果这种工资结构或多或少地变得刚性，它就会阻止或延迟行业结构对变化的条件的调整。似乎很可能，在一个长期以来不同工资率之间的关系几乎保持不变的国家中，可以维持充分就业的实际工资水平将大大低于它原本**可能**的水平。

事实上，似乎离开我们已经习惯的技术飞速发展和相对较高的资本形成水平，完全刚性的工资结构将阻止大多数对其他条件变化的适应，包括那些维持初始收入水平所必需的适应；因此，工资率的刚性将导致可以维持充分就业的实际工资水平逐渐下降。

我没有关于工资弹性与增长之间关系的实证研究，但我应该期望这样的研究将显示两个量之间的高度正相关：不仅仅是因为增长将导致相对工资的变化，而且因为这种**变化**对于适应增长所需的新条件**至关重要**。

但是，回到在我看来最关键的一点：我曾提出，维持充分就业的实际工资水平取决于相对工资的结构，因此，如果这种结构是刚性的，并且在条件变化时工资之间的关系保持不变，那么可以维持充分就业的实际工资水平将趋于下降，或者——在存在其他情况的有益影响时——至少没有以应有的速度上升。这将意味着，货币政策操纵实际工资水平实际上并不是摆脱工资结构刚性造成的困境的出路。我们也不能指望任何形式的“收入政策”或类似方法能提供一条出路。最后，这将证明，工会为其会员的利益而建立的刚性工资结构，正是提高整个工人阶级实际收入的最大障碍之一：如果阻止[1]某些实际工资（绝对或至少相对地）下降，那么实际工资和其他收入就不会尽可能快地增长。

因此，只有通过有效利用劳动力——而这需要**相对**工资率的**自由**变动——才能实现古典经济学的目标，即约翰·斯图亚特·穆勒（John Stuart Mill）所说的“以高薪充分就业”。这位杰出的人——出于这个原因，我相信他将作为英国经济的掘墓人而名载史册——转而选择了以低薪充分就业。因为如果承认相对工资的刚性是不可改变的，并试图通过降低货币价值的迂回过程降低实际工资的总体水平来纠正其影响，这就是必然的结果。我们现在清楚地看到，回避核心问题只是暂时的出路，我们很可能已经到了

〔1〕 本书原文中为“允许”，但根据上下文内容以及《奥地利学派经济学季刊》里发表的另一份译本，本书原文疑有误，此处应为“阻止”。参见：Hayek，F. A. “Competition as a Discovery Procedure.” *The Quarterly Journal of Austrian Economics* 5，No. 3 (Fall 2002)：9—23。——译者注

必须从源头上面对邪恶的地步。我们再也不能忽视这样一个事实,即整个工人阶级的利益要求**限制**特定工会维护其会员地位的权力。现在看来,实际的问题似乎是,我们如何才能保证整个工人阶级的利益——如果不保护特定群体的地位,这项政策不仅不会危及,而且确实会增强其实际工资上升的前景。

(来自介绍性说明中提到的草稿)

20. 加拉加斯会议纪要

在最后的摘录中,哈耶克教授以图形方式说明了通货膨胀造成的两难困境,正如他所说的那样,正在使经济"骑虎难下"。除非价格上涨速度不断加快,否则就会出现衰退的症状……因此,最终选择是在一次失控的通货膨胀和一次广泛的萧条并重新调整为非通胀的情况之间进行的。

二十年前,由于对布雷顿森林体系的失望,我对货币问题失去了兴趣。我预测这种安排很快就会消失,但我错了。它的主要创新,是将恢复国际收支平衡的责任强加给了债权国。在通货紧缩的 20 世纪 30 年代,这是合理的,但在通货膨胀时期则不然。现在,我们享有通货膨胀带来的繁荣,该繁荣取决于通货膨胀的持续增长。如果价格涨幅低于预期,那就会对经济产生抑制作用。我预期十年就足以产生增长的困难。但是,现在花了二十五年我们才到达减缓通货膨胀导致衰退的阶段。现在我们骑虎难下了:这种通货膨胀还能持续多久？如果放开老虎(通货膨胀)，它就会把我们吃光。但是，如果我们在拼命坚持的时候它跑得越来越快，则我们**仍然**会完蛋！很高兴我不会在这里看到最终结果……

（F. A. 哈耶克对加拉加斯朝圣山学社会议上宣读的一篇论文的评议）

VII

展望20世纪70年代：放开还是抑制通货膨胀

F. A. 哈耶克

在过去的四十年内，货币政策越来越使我们致力于这样一种发展，即它会周而复始地让我们有必要采取会削弱市场机制运作的进一步措施。现在，我们已经到了这样一个阶段，人们广泛建议通过进一步的管制措施来对抗我们的政策影响，这些措施不仅会使价格机制完全失效，而且必然导致不断增加的对所有经济活动的中央命令。

这种发展，始于对给定货币工资结构不能被任何工资降低改变的接受，以及随之而来的要求，即总货币支出应提高到足以以当时的任何工资率占用全部劳动力供应。这项政策的结果不仅大大增强了人们抵制降低工资的能力，而且取消了过去的主要保障——该保障将工资推高到无须进一步货币扩张即可出售当前劳动力供应的水平，也就是取消了工会因其工资政策而导致的失业的公认责任。

长期恶性循环

任何人只要研究了过去的主要通货膨胀，就都不会怀疑，通过充分的货币扩张总是可从暂时减少失业。如果某些经济学家还是要反对故意使用通货膨胀来减少失业，则是因为他们相信，这样创造的就业只能通过持续的——甚至可能是渐进的——通货膨胀来维持。因此，依赖短期内在政治上容易的出路倾向于保持和加剧一种不均衡的状态，在这种状态下，维持足够的就业机会将需要更大的通货膨胀率。

战后的发展充分证实了这些忧虑。事实证明，持续适度的货币扩张不足以确保持久的充分就业。两个重要的原因导致了这种失败。其一，通货膨胀不仅会保留而且会加剧各行业之间的劳动力分配不均，一旦通货膨胀停止，这种不均必定导致失业。其二，通货膨胀的一些刺激作用是由于价格在一段时间处于高于预期的水平，因此，许多企业的成功是这样的：如果价格没有上涨，它们就会失败。

但是，给定的价格上涨率在一段时间内持续会被预料到，因此只有在价格上涨率速度加快并超过预期的价格上涨率时，通货膨胀的刺激作用才会得以维持。另外，持续恒定的价格上涨率必然很快造成这样一种状况，在这种状况里，我们可以正确预料未来的价格，并根据这些期望提供当前的成本，从而导致通货膨胀带来的收益消失。

停止通货膨胀所造成的失业规模将随着推行此类政策的时间

长度而增加。不仅在政治上政策越来越难以从它设立的一系列事件中脱身,而且面临连任的政府发现自己经常被迫将通货膨胀加速至确保获得可接受的就业水平所必需的程度。

虽然人们普遍认为,对于确保高水平的就业而言,适度的通货膨胀并不是太高的代价,但这一事实——通货膨胀只有在加速的情况下才能达到这一结果——意味着,通货膨胀的其他影响迟早会引起越来越多的不满和经济过程的错位。通货膨胀有许多有害影响,通过这些影响,它会危害生产的效率、稳定和增长,但是,首先引起广泛不满的是消费者财货价格上涨对这些阶级收入的影响:出于某种原因,他们的收入已无法跟上价格上涨的步伐。正是由于生活成本上升而使自己变得更贫穷的群体的抱怨,通常会促使他们采取抗击通货膨胀的措施的第一步。这些措施包括禁止或以其他方式阻止因需求超过供应而导致的价格上涨。

当然,所有此类措施并不能消除价格上涨的原因,而是使政府有可能继续执行通货膨胀政策,其影响却无法以最迅速的方式显现。因为在自由市场中,价格的普遍上涨是表明货币支出流超过要购买的财货和服务流的最明显迹象,因此人们倾向于认为,如果价格停止上涨,则通货膨胀的弊端就被克服了。

被抑制的通货膨胀是一种特殊的恶

我们可以毫不夸张地说,尽管公开的通货膨胀——表现为价格上涨——是一种巨大的恶,但其危害性不如被抑制的通货膨胀,即由于有效地禁止了价格上涨,因此它不会导致价格上涨的货币数量增长。被抑制的通货膨胀会使价格机制完全失效，并导致价格格制被所有经济活动的中央命令逐步取代。

此外，在实行价格上限之后，过多的货币供应是否仍能确保充分就业，这是非常令人怀疑的。现有就业的很大一部分将基于对价格进一步上涨的预期，而现在人们对此感到失望。而且，只要减少了货币供应量的增长，那些首先受到额外货币影响的财货和服务的需求就会减少。但是，在这种情况下，停止增加货币的可能性不大。由于它的直接作用变得不那么明显，因此，现实很可能是继续并增强多余货币的进一步“过剩”(如果人们想要的商品可用，持有现金的人就会希望花掉它)，这将使取消施加的控制变得越来越困难。

当然，防止价格上涨并不能确保每个人都可以买到比价格上涨时更多的东西。买家将面临短缺的问题，而不是确定能够以已知价格购买到财货和服务——尽管价格上涨了；谁将获得可用的财货将由偶然或卖家的偏爱决定，并迟早将不可避免地由更正式的配给制度决定。

资源配置将首先仍由被通货膨胀扭曲后冻结的价格结构决定。当然，这些冻结的相对价格将不再能根据不断变化的条件和需求进行生产调整。因此，生产方向也会越来越必须由政府决定。

中央控制和“政治上不可能”的变化

试图通过价格上限来控制通货膨胀的过程导致了政府更加全面的控制，这一过程也是自我加速的，因为，一旦生产变得取决于配给、牌照、许可和官方分配，就需要持续的过剩货币来保持财货流通。如果不依靠货币过量供应的影响来帮助克服它所造成的障碍，则迄今为止，还没有任何一个中央控制经济能够运转。

因此，如果允许通货膨胀继续，而价格冻结部分抑制了其影响，那么最终过渡到中央控制经济似乎是不可避免的。在这种情况下，各政府几乎不可能有效防止进一步的通货膨胀，而不仅仅是不可能抑制其最明显的后果。随着通货膨胀的迅速发展，对中止通货膨胀的需求也会越来越迫切，但通货膨胀的每次放慢所导致的失业人数也会同时增加。我们可能希望政府反复做出进一步的尝试来减缓通货膨胀，只有在其产生的失业在政治上无法接受时才放弃。

恐怕我们已经在这个过程中到达了这样一个阶段：如果要拯救市场经济，那就需要对我们的制度进行比大多数评论员准备考虑的——或者比许多人认为的“政治上可能的”——大得多的变革。[1] 眼下我们似乎不大可能直接根除通过集体谈判来确定工资的做法——这是通货膨胀趋势的最终原因[2]，我们也不大可能对工会重新施加限制，这种限制过去是由于担心造成大量失业而产生的。摆脱恶性循环的唯一希望似乎是说服工会同意采用另一种确定工资的方法，在为全体工人提供更好的物质发展机会的同时，恢复特定群体相对工资的灵活性，一般来说，这样符合工人的

---

〔1〕 参见：W. H. Hutt, *Politically Impossible...?*, Hobart Paperback 1 (London: IEA, 1971)。

〔2〕 James E. Meade, *Wages and Prices in a Mixed Economy*, Wincott Memorial Lecture, published as Occasional Paper 35 (London: IEA, 1971). 该书提议限制工会的工资谈判能力。

普遍利益。

分红的解决方案

对于这个问题我能想到的唯一解决方案是，说服工人将他们的部分报酬从固定工资的形式改为分享雇用他们的企业的利润。假设可以说服他们放弃固定的总额，转而接受等于过去工资的比如 80%的确定金额，**加上**一份利润分红——它在其他条件不变的情况下，平均给他们以前的实际收入，但除此之外，也是一份在成长型行业中对产出增长的分红。在这种情况下，市场机制将再次运作，同时，社会产品增长的主要障碍之一将被消除。

这里不是详细提出建议的地方——这显然会提出许多难题。我提到这一点仅仅是为了表示，如果我们想停止累积通货膨胀的过程，就不得不对现有体系做出比已经考虑的更彻底的变革。如果我们清楚地认识到当前趋势的危险，那么将自己从日益失去命运决定权的发展中解脱出来可能为时不晚。但是，除非我们很快纠正这一根本原因，否则我们可能会发现自己不可改变地走上了一条这样的路，它远远不止会导致破坏我们文明的物质基础：不仅将威胁到经济进步，而且将威胁到政治和知识自由。

通货膨胀的基本原因

显而易见的是，我们必须彻底改变我们在过去二十五年内努力改革国际货币体系的方向。自从建立了布雷顿森林货币体系

(Bretton Woods)并且对所谓的“国际流动性”不足产生担忧以来,所有创造特别提款权(Special Drawing Rights)的努力,其目的都是使各个国家能够通过充分的通胀来创造最大的就业,这在短期内可以通过货币压力来确保。

现在,变得明显的是,就业不仅仅是总需求的函数,而且,总货币支出的增加可能确实会增加取决于支出的进一步增加的就业部分,至关重要的是,我们应将注意力转移到控制就业的更基本因素上,即劳动力和相对工资的结构对不断变化的需求方向的调整。

一直显而易见的应该是,给定的货币支出总额是否足以减少市场上提供的劳动力数量,将取决于这笔货币支出——相对于用于生产不同的商品和服务的劳动力分配——如何在它们之间进行分配。无论在总产出的某些部分上花费多少钱,它都无法确保那些生产在短期内肯定超出需求——甚至在长期内并不如此——的其他商品的人的就业。

我们面临的大多数困难的根源在于这一幻觉,即可以通过操纵货币**总**量来解决资源和**相对**价格分配上的失调。但使用这种货币政策更有可能加剧而不是减少这些失调。货币政策最多可以暂时使我们不必因实际要素的变化而改变资源的使用,但从长期来看绝非如此。货币政策的目标应该是协助这一调整,而不是推迟它。

从长期来看,如果相对工资不是由市场力量来决定的,那么市场经济就无法有效运作,这一事实一度被通货膨胀的影响所掩盖。适度的通货膨胀可以掩盖这一真理的时代可能已经过去。可以让市场经济运转的通货膨胀程度显然是有限制的。通过固定价格来对抗通货膨胀会让市场更快无法运转。

如果要维护市场经济,我们的目标就必须是恢复价格机制的有效性。阻碍其运作的主要障碍是工会垄断。它不是来自货币方面,并且对货币政策可以实现什么的过高期望转移了我们对主要原因的注意力。如果管理不当,则货币可能是一个原因,但货币政策只能防止由**货币**原因造成的干扰:它无法消除其他来源的干扰。

附录 1978

引 言

苏达・R. 谢诺伊

自本书第一版出版以来的六年内，哈耶克教授关于通货膨胀和货币政策的作品包含在他在经济事务研究所(IEA)的其他出版物中:《不惜一切代价的充分就业?》(*Full Employment at Any Price?*，1975)、《通货选择》(*Choice in Currency*，1976)和《货币的非国家化》(*Denationalisation of Money*，1976，1978)。本书第二版内容略有扩充，增加了对凯恩斯主义方法的三篇早期分析。这些早期文章是值得关注的，因为哈耶克教授预料到了，经过三十多年通过增加支出水平来维持充分就业的尝试，现在所面临的种种困难。

在此关头，我想补充一些简短的思考——关于用于分析通货膨胀影响的平均价格指数方法，以及以下摘录所基于的"相对"价格结构方法之间的区别。这种区别源于两种供选择的价格观之间的差异。一种观点认为价格是某种一般均衡系统的组成部分。另一种观点则认为价格是特定情况的经验反映。对于继续就通货膨胀的性质进行辩论,这种区别似乎很重要。

几乎所有对通货膨胀的分析都是根据价格指数的变动来进行的。对于货币供应是主动地还是仅被动地得到调节,"凯恩斯主义者"与"芝加哥学派经济学家"可能有所不同;但这两个学派都没有超越对价格指数(或通过价格指数)的影响(如果有的话)。

在货币供应的"主动"作用上,"奥地利学派经济学家"会同意芝加哥学派经济学家。但此后"奥地利学派经济学家"就从根本上背离了。他强调,价格指数的变化**不能**涵盖货币供应量增加的主要错位(dislocating)影响。价格指数是一种统计结构,它是对单个价格**先前**变化的事后汇编。货币供应量的增加**不**会同时并且等比例地影响所有价格——它会先影响一些价格而后影响另一些价格,它会在不同时间以不同的方式影响不同的价格。

经济决策者(个人、公司、家庭)所面对的不是价格"指数",而是特定的**单个**价格。不同的经济单位面对着不同的价格。在通货膨胀的情况下,他们的问题不是预测未来计算出的价格指数的变化;而是要判断,变化的货币供应量在特定时间对特定价格所造成的特定变化,所有其他影响也会作用于这些价格。一段时间**之后**计算出的这种"平均"变化基本上是无关紧要的,它没有为**先于**价格指数变化计算的**单个**价格变化提供任何指导。在**分离**组成货币供应量增加所导致的单个价格变化的所有其他组成部分时,货币供应量正在增加这一知识帮助甚少(如果有的话)。

单个价格变化的指导作用

在实践中，指导生产和就业的是个体的价格变化和价格关系。因此，产出和就业的**模式**根据货币变化而发生了改变——不同的生产和就业部门所遵循的路径，与货币供应量变化所带来的特定价格变化相同。但是这些价格变化现在反映了货币供应量的增加。它们没有告诉我们，潜在的**实际**影响是否朝着同一方向变化。应对价格变化的产出和就业模式的变化因此**失**调：扩张带来的实际变化无法与反映**实际**影响的变化“相吻合”。随着这种不协调的状况变得明显，必须从以前的产出和就业部门撤出资源，并转移到**确实**符合相对实际稀缺和偏好的潜在模式的那些部门。这样的转移并非没有代价：随之而来的必然是更高的资本和运营亏损以及更高的失业。持续的货币扩张意味着持续不断的**失调**，也就是说，资源的生产力会低于本来可能的水平。〔1〕

在这种情况下，以任何形式的一般均衡模型进行推理都可能造成严重的误导：在米塞斯教授清楚而具体的术语中，此类模型必须以“均匀轮转经济”(evenly-rotating economy)为前提。〔2〕“奥地利学派的”立场是，在一个不断变化的世界中，必须不断重新发

〔1〕 上述论点被高度浓缩；更广泛的声明参见：G. P. O'Driscoll, Jr. , and Sudha R. Shenoy, 'Inflation, Recession, Stagflation', in E. G. Dolan (ed.), *Foundations of Modern Austrian Economics* (Lawrence, Kansas: Sheed and Ward, 1976)。比较：F. A. Hayek, *Prices and Production* (London: Routledge and Kegan Paul, 1935), pp. 28—30。

〔2〕 Ludwig von Mises, *Human Action* (Chicago: Regnery, 1966), pp. 244—256.

现相对真实的稀缺性和偏好。[1] 货币扩张带来失调的价格变化：它们没有反映出真正的稀缺性和偏好。所以，由此产生的产出和就业模式就无法维持。价格指数——因其构建方式——在定价过程中抽离了这些实际的**相对**变化。货币支付的“指数化”会给本已失调的情况增加另一种随机而又失调的影响。它无助于在价格、可用的实际资源与偏好模式之间实现更好的对应这一基本任务。

苏达·R. 谢诺伊
纽卡斯尔大学
新南威尔士州
1978 年 1 月

21. 好的失业政策与坏的失业政策

哈耶克教授在 1944 年强调，可持续就业取决于不同生产部门之间劳动力的适当分配。这种分配必须随环境变化而变化。因此，可持续就业取决于相对实际工资率的适当变化。如果既定的生产者——包括工会和资本家——都阻止这种相对变化生效，那么失业就会不必要地增加。可持续就业现在取决于成功解决这些既定的劳动力和资本的垄断。

〔1〕 F. A. Hayek, “Competition as a Discovery Procedure”, in New Studies in Philosophy, *Politics*, *Economics and the History of Ideas* (London: Routledge and Kegan Paul, 1978).

矛盾的是,成功就业政策的障碍之一是,暂时减少失业,甚至几乎消除失业是相对容易的。总有一种现成的方法能迅速使大量的人回归他们过去的就业类型,而即时成本不会超过印刷和支出数百万额外的货币。在有着动荡的货币历史的国家,人们早就知道了这一点,但这并没有使补救措施更受欢迎。在英格兰,这种药物的最新发现产生了令人陶醉的效果;而目前完全依赖其使用的趋势并非没有危险。

尽管货币扩张可以提供快速的缓解效果,但它只能在有限的程度上产生持久的治愈效果。很少有人会否认,货币政策能够成功地抵消通缩螺旋,而经济活动的每一次小幅下降都可能导致通货紧缩。但这并不意味着它是可取的:我们通常应该大量使用货币扩张的工具,以在短期内创造最大的就业机会。几乎可以肯定的是,这种政策的麻烦在于加剧了更为根本的或结构性的失业原因,最终使我们处于比我们开始时更糟糕的位置。

失调

造成这种失业的主要原因,无疑是不同行业之间的劳动力分配与这些行业的产出可以被连续吸收的比率之间的不成比例。在这场战争结束时,我们当然将在这一性质上面临特别困难的问题。过去,最著名的(并且,因为它与周期性衰退有关,所以也是最重要的)这种不成比例,是所有用于进一步生产的设备的制造行业的长期过度发展。

由于其经营方式的间歇性,这些行业的劳动力很可能一直大于在**连续**雇用时的情况。尽管在这些行业内，通过货币扩张来创造另一波狂热活动——这将暂时创造“充分就业”条件，甚至将更多人吸引到这些行业中——并不难，但我们这样做会使哪怕是维持就业的任务也变得更加困难。旨在稳定长期状况的货币政策确实有必要在这些行业实现“充分就业”**之前**就有意停止扩张，以避免出现新的资源误用。

尽管这是造成失业的结构失调最重要的单个例子，但反复出现的萧条只是我们问题的一部分。持续失业的核心是一个更大的威胁，这在很大程度上是由于另一种分配不均造成的，而在治愈这种分配不均上，货币政策能做的甚至更少。在这里，我们必须面对这样一个事实，即失业问题最终是工资问题，这一事实曾经广为人知，但一个保持缄默的密约最近使它遭到遗忘。

工资与流动性

需求不断转移到新的物品和行业，并且，我们推进得越快，这种变化就变得越频繁。尽管加快后的变化速度必然在寻找新工作时暂时使失业人数激增，但这并不会导致持续失业的增加或整体劳动力需求的减少。如果新兴行业可以自由进入，那它们就应该轻易吸收那些在其他地方被解雇的人。越来越多地阻止这种吸收，并且已成为造成长期失业的最严重原因的新发展是这一趋势：在新兴行业内立足的人会将新来者排除在外。如果这些行业的需求增加所导致的不是就业和产出的增加，而只是那些已立足者的工资和利润增加，那么实际上就不会有新的劳动力需求来弥补整体劳动力需求的减少。如果一个行业的每项收益都被视为一个封闭集团的独揽之事，几乎要全部从更高的工资和利润中拿走，那么需求的每一次转移都必将加剧持久的失业。

在英镑被人为地提高到其以前的黄金价值后的几年内，该国非常特殊且几乎独特的经历使人们对一般工资水平产生了误解。如果这种人为提高国民工资水平是造成失业的原因，那么货币操纵就的确是解决失业的最简单方法。但这种情况是完全例外的，除非是因为货币波动，否则它不太可能发生。

在正常时期，就业更多地取决于不同行业内工资之间的关系，或者更多地取决于工资结构所允许的流动程度。在这方面，货币政策几乎不可能取得积极的成就。确实，如果凯恩斯勋爵在强调这一点上是对的，即工人更重视其货币工资的名义数字而非实际工资，那么任何试图通过货币扩张来解决工资刚性问题的尝试都只会增加不动性(immobility)，这是真正的麻烦：如果在不断衰退的行业内保持货币工资水平，则为了打破庇护新兴行业内特权团体的保护墙，工人就更加不愿离开这些行业。

与失业作斗争的最后手段和与垄断作斗争的相同。我们是否需要补充一点：在这个基本问题上，我们**没有**朝着正确的方向前进？或者，假装有一条简单的出路而不必面对基本的困难，这对社区来说是一件很糟糕的事情？

前方的危险

很容易看出，如果现在的流行学说占据了上风，如果这成为公认的学说，即货币政策的任务是弥补垄断性工资政策所造成的任何损害，那我们的问题必然变得非常严重。即使撇开对那些负责工资政策的人的影响——他们因此不必就其行为对就业的影响负责——对货币政策的单方面强调可能不仅会剥夺我们努力的全部成果，而且会产生人们不愿看到的不良后果。

虽然明智的货币政策确实是防止大规模失业的必要条件，但同样可以肯定的是，这还不够。如果没有普遍的强制，在成功打破我们允许资本家和劳动力的垄断所创造出来的经济体制刚性之前，我们就永远不会长久地战胜失业。忘记这一点并仅仅信任货币政策是更危险的，因为它成功的时间可能足够长，以致我们无法尝试其他任何事情：我们越是被引诱至延迟更为困难的调整，因为暂时看来我们似乎能保持进展，我们的经济体系部门就会成长得越大——只有通过人为刺激信贷扩张和不断增加的政府投资才能使之保持运转。

这条道路将迫使我们逐步加强政府对所有经济生活的控制，并最终进入极权主义国家。

（《好的失业政策与坏的失业政策》）

22. 充分就业幻觉

在这篇写于 1946 年的文章中，哈耶克教授认为，即使对消费者财货的需求持续增长，也不一定会导致对生产者财货的需求同时增长。因此，持续增加支出不足以维持“充分就业”。会发生这种情况的原因是，随着突然繁荣的持续,通过从使用固定资本转换(switching)为流动资本,可以满足对消费者财货的需求的增长。因此,随着对消费者财货的需求的持续增长,对固定资本的需求最终将下降。在这种情况下,维持或增加支出并不能防止生产者财货行业的衰退。

哈耶克教授在 1946 年所做的分析因此预测了"滞胀"的出现——在它出人意料地浮现的大约三十年前。

激进改革家最喜欢的一个花招,是占据一个自己的宠物理论(pet theory)[1],用一些漂亮话来形容一种有吸引力的情况,然后指责每个不准备接受其提议的人都无情地无视他们所追求的社会利益。目前,这些流行语中最危险的当然是"充分就业",它似乎仅描述了一种值得追求的状态,但实际上隐藏了有关实现它的方式和程度的一种特定理论。我们有理由相信,甚至许多最初让这个词流传开来的人也开始对它的使用方式感到担忧。

在最早系统性地使用该词的学者的著作中,它的意思并不是它在通俗讨论中必然的意思:保证每个人拥有其认为自己有权获得的工作和报酬。但这并不能减轻那些最早故意为一个高度技术性的概念选择一个流行语的人的责任。他们创造出来的信念,即可以容易地、无痛苦地实现通俗意义上的全民就业,很可能成为理性政策的最大障碍,而理性政策确实会提供在一个自由社会中可以被创造出来的最大就业机会。

---

〔1〕 宠物理论是指提出者自己不管对错都偏爱的理论。——译者注

货币支出与就业

有一个古老的说法:在大多数情况下,总货币支出的增加会在一段时间内增加就业。这一直是所有通胀主义者和软货币(soft-money)支持者的观点。任何经历过一次重大的通货膨胀的人,都不会怀疑,在一定程度上这是真的。但是,从这些不应被忘记的通货膨胀经验中可以汲取更多的教训。它们不仅表明,最终需求的充分增加通常会增加就业;而且表明,为了维持由此获得的就业水平,信贷扩张必须以一定渐进的速度进行。德国的通货膨胀尤其明显地表明了这一点,在此期间,就业水平很高。但是,随着通货膨胀渐进的速率下降,即使收入和物价仍在上涨,只是速率比以前慢一些,失业率也立即出现。

新形式的旧论证

但是,如果该论证的实质不是新的,那么它所获得的对我们这一代的新控制力就是由于这一事实:它已经以初始的和明显改善的形式进行了重述。如果以它通常被提出的方式,这种新理论是高度技术性的,其本质非常简单。它实际上仅仅指:如果所有人都在他们所寻求的岗位就业,那么总的货币收入就会是这样一个数额。因此,有人争辩说,如果我们将总货币收入增加到每个人都被雇用的情况下将达到的数额,那么每个人都会被雇用。还有更简单的事情吗?我们需要做的就是花足够的钱,使总支出可以按人们主张的工资数额来支付劳动力的总供给。

在近来经常发生的情况下立即检验这一理论是对我们有益的。假设在任意一个国家，有需求从一个行业转移到另一个行业。造成这种情况的原因是口味的变化、技术的进步，还是国际贸易渠道的转移都无关紧要。第一个结果将是，就像最近许多国家的情况一样，我们将有一批萧条的行业与其他相当繁荣的行业并存。如果那样，按照惯例而不是目前的例外情况，先进行业的劳动力宁愿以更高的工资而不是以更大的就业机会的形式获取收益，则会发生什么？显然，结果是那些在衰退的行业中失去工作的人将无处可去并保持失业。

有很多迹象表明，现代社会中很大一部分失业是这一原因造成的。所谓的"财政"政策或任何通货膨胀措施，对这种失业能起到多少作用？问题显然不只是总支出的问题，还是其分配的问题，以及提供财货和服务的价格和工资的问题。在离开这一简化例证之前，让我强调一些重要事实——该例证清楚地表明了这些事实，但它们常常被人忽视。

财政政策的缺陷

第一，它表明工资与失业之间的重要联系不是通过总体工资水平的变化来实现的。在给定的情况下，很可能总体工资水平将保持不变，但毫无疑问，失业是由某一群体的工资上涨所引起的。

第二，这种失业不会出现在提高工资的行业(这是繁荣的行业，其中工资的增加仅阻止了就业和产出的增长)，而是会出现在工资将保持固定水平或实际上下降的萧条行业。

第三，这个例证使我们很容易看到，通过货币扩张来解决这种失业的尝试必然产生通货膨胀的症状，以及当局——如果它坚持尝试——将如何很快被迫通过旨在掩盖通货膨胀症状的直接控制措施来补充其货币政策。只要人们坚持将其额外收入用于产出受劳动力或资本垄断政策限制的行业的产品，就只会趋向于进一步拉高工资和价格，但不会对就业产生重大影响。如果扩张更进一步，希望最终有足够的额外收入溢出到萧条的行业，则必须在繁荣的行业使用价格控制、配给或优先权。这是非常重要的一点，大多数扩张主义者对以下事实一无所知：他们的意思是保留甚至扩大控制，以防止他们提议创造的额外货币收入流向“不可欲的”方向。毫无疑问，我们将看到大量这样的人，他们一方面提倡更多的信贷扩张、更低的利率等，另一方面要求采取更多的控制，以制止他们正在创造的通货膨胀。

周期性失业

我所提供的例证似乎主要是指长期失业或技术性失业，而时髦的充分就业政策的倡导者也许会回应说，他们主要关注周期性失业。当然，这是承认他们的“充分就业”并不是真正的在现在普遍理解的意义上的**充分**就业，而是至多只能解决我们过去存在的部分失业。新政策的更谨慎的捍卫者通常会承认这一点。例如，已故的凯恩斯勋爵在战争爆发前不久曾表示，尽管失业人数仍远远超过一百万，但英格兰实际上已达到充分就业。这并非公众现在被教导的充分就业的含义。在目前的观点看来,不可避免的是,只要仍然存在如此大量的失业现象,就会有更大的压力要求更多的相同药物,即使从充分就业理论家的观点来看,在这种情况下这样做也只会有害无益。

然而,值得怀疑的是,即使就周期性失业而言,时髦的"充分就业"建议所提供的是否不只是姑息治疗,并且,从长期来看,采纳这些建议是否不会使情况变得更糟。就这些建议仅旨在缓解萧条中的通缩性力量而言,毫无疑问,在这种情况下,宽松的货币政策可能有助于让衰退不至于恶化为重大萧条。但是,现在的"充分就业"学派的希望和野心要大得多。它的拥护者认为,仅仅是将货币收入维持在突然繁荣时期的最高水平,他们就可以将就业和生产永久保持在已达到过的最大值。这可能不仅是一种幻想,而且是使投资活动下降的根本原因永久存在的一种确定方式。

在许多方面,消除周期性波动的问题与行业间需求转移所产生的问题相似。主要区别在于,在经济周期的情况下,我们不必处理所谓的需求水平转移,即从生产一种最终财货的行业到生产另一种最终财货的行业,但分别改变了对消费者财货和资本财货的相对需求。对消费者财货的需求下降——这发生在萧条的后期——是生产资本财货的行业内就业和收入下降的结果;而基本的问题是:为什么在后者中,在对消费者财货的需求下降之前很久,就业和生产就会周期性下降?

当前的信念——这种信念激发了所有流行的充分就业宣传——当然是投资支出直接依赖消费者的支出,并随消费者的支出而变化,并且,因此我们花的钱越多,我们就越富有。这种论证具有某种似是而非的合理性，因为在整个失业期间，仅是货币需求的复苏就可能确实导致生产的成比例增长，甚至超过成比例增长。但在其他时候，它完全是错误的，如果应用于突然繁荣的末期和萧条开始时的位置，那几乎是荒谬的。非常值得去检查一下它的含义，并考虑如果始终遵循它所导致的悖论。

消费者财货的需求和投资活动

如果对消费者财货需求的增加的确总是导致投资活动的增加，那么后果将令人震惊。重要的是，在突然繁荣的顶部，甚至在正在发生的萧条的初期，实际上并没有未使用的可用资源——这种未使用的可用资源将有可能大幅增加投资财货的产量，而又不会从消费者财货的生产中抽出劳动力和其他资源。换言之，如果这个古怪的理论是正确的，那就意味着人们坚持要求更多消费者财货的结果将是暂时生产出更少的消费者财货。这反过来无疑将导致它们的价格和生产它们的利润上涨，并且，根据同一理论，这将进一步刺激投资，从而进一步降低消费者财货的当前产量。这种螺旋现象将无限期地持续下去，直至达到这样一个阶段：因为人们如此迫切地需要当前的消费者财货，所以目前根本不生产消费者财货，而所有的精力都被用于为将来增加此类财货的产量创造设施。

购买力与繁荣

然而，经济体系并不像这一切那么疯狂。实际上，确实存在一种机制,通过这种机制,在相当充分就业的条件下,最终需求的增长实际上会抑制投资,而远远不会刺激它。这种机制非常重要,它既解释了突然繁荣的爆发,也可以让我们理解为什么仅靠维持购买力来维持繁荣的尝试必将失败。

为什么在资本财货行业出现萧条

我们所讨论的机制以大多数商人熟悉的方式运行:价格的任何增加,都会使营运资本(working capital)的利润率增加超过固定资本的利润。之所以如此,是因为在给定的时间段内,资本周转越频繁,赚取的价格与成本之间的相同差额的倍数就越多。那么,在消费者财货价格趋于上涨的情况下,给定公司可支配的资本是有限的;正如经验所充分表明的那样,对营运资本的需求通常优先于对固定资本的需求。换言之,单家公司的有限资本资源将以这样一种方式花费:可以最快地增加产出和在给定资源(以营运资本的形式)上获得最大利润总额,并且,固定资本支出实际上将暂时减少,以便为增加营运资本提供可用资金。

有很多种方法可以迅速完成这一任务:双班制或三班制工作,忽视维修和保养,或替换成更便宜的机器等。如果高利润的诱惑和资金的稀缺足够大,迟早就会导致固定资本支出的绝对减少。

到目前为止,这只解释了为什么公司会以不同的方式分配其资本支出,更多地用于运营资本和更少地用于固定资本,而不是为什么总支出会下降,而如果要考虑资本财货行业的萧条,那这就是我们必须要解释的。但实际上,我们已经很接近这个问题的答案了，只需再迈出一步。

答案在于经济学家长期以来所熟知的一种原理（“衍生需求的加速原理”）的特殊应用。它说明了为什么最终需求的任何变化，对所讨论流程的“早期阶段”产量的影响，都会与所需资本的量成比例地成倍增加。在最终需求增加的情况下，将必须通过安装机器、增加库存等来增加产能，在一段时间内支出将远远超过产出。同样，在最终需求减少的情况下，将有可能在一段时间内减少库存和机器，而支出的减少将超过产出。

既然我们记得，就相关投资需求而言，这种加速效应在两个方向（正面地和负面地）上均相等地让最终需求增加或减小的影响扩大许多倍，并且，其强度取决于每单位产出所使用的资本量，我们就很容易看出，如果将消费者财货行业的支出从固定资本转移到流动资本，则结果将是什么。按照定义，固定资本意味着每单位产出有大量的资本，因此，对固定资本财货需求的减少将使生产这些资本财货的行业的产量大幅下降。对流动资本需求的同时增长无法弥补这一点。因为，尽管对流动资本的需求增加起到了积极的加速作用，但这种作用没有那么强大，因为每单位最终产出所需的流动资本要少得多。因此，消费者财货行业支出的最初变化的最终结果，将是对投资财货总需求的净减少——这是由最终需求的过度增加所导致的。

如果这种分析正确，那么期望通过保持最终需求来维持或恢复投资需求显然就是一种幻想。当存在大量未使用的资源时，最终需求的增加可能会在萧条的底部产生这种结果。但是在突然繁荣的顶部附近，它将产生相反的效果：投资将进一步减少，并且，似乎存在投资机会的绝对缺乏，只有政府介入才能治愈这种缺乏，而实际上，正是旨在振兴私人投资的政策阻止了复兴。再一次，我们发现，仅仅维持购买力的政策无法解决失业问题，而那些试图这样做的人将不可避免地被迫不仅要控制支出数额，而且要控制支出方式。

然而，普遍的幻觉——仅通过确保足够的支出供应我们就可以确保充分就业——最糟糕之处不是它所产生的希望注定会令人失望，而是它导致人们完全忽视那些确实可以确保稳定和高水平就业的措施。它将使我们越来越远离一个自由的经济，而在一个自由的经济里我们可以预期会有合理的稳定。

（《充分就业幻觉》）

23. 自由社会里的充分就业

在 1945 年对《自由社会里的充分就业》的评论中，哈耶克教授强调了书中对失业进行“需求不足”分析的两个主要困难。首先，各行业和各地区之间的失业规模存在极大差异。这些巨大的差异必然使人们对需求的普遍缺乏是不是造成普遍失业的原因产生极大的怀疑。其次，该书认为，边际储蓄倾向的增加意味着最终消费者支出必然达不到消费者财货产出的价值，从而导致总产出的下降。这一论证忽略了产出变化的含义。由于资本财货行业的产出波动大于消费者财货行业的波动，因此，边际消费倾向往往高于消费者财货产出的增长率。

如果目前对充分就业的关注是迟迟不承认问题的紧迫性的结果,我们就应该有充分的理由为过去感到羞耻,并为新的决议而庆贺。但立场并非如此。

特别是在英格兰,失业已经在近一代的时间里成为持续困扰政治家和经济学家的紧迫问题。必须在其他地方寻找加剧搅动的原因。事实是,经济学家提出的补救措施一直遭到忽视,因为它们在应用中有害。

然后凯恩斯勋爵向我们保证,我们所有人都错了,并且,治愈可能是无痛的甚至是令人愉快的:最大限度地永久保持就业所需的一切,只是确保一定数量的某种支出。该论证之所以有效,是因为它是以高度技术性的语言来表述的。它一直是普遍的信念,得到了最高科学权威的支持,新观点迅速得到了发展。

民主的伟大优点是,对治愈广泛感受到的恶的要求,可以在有组织的运动中得到表达。这种普遍的压力可能会被激化,以支持听起来对普通人来说似乎合理的特定理论,这是它的危险之一。但几乎不可避免的是,一些有天赋的人应该抓住机会,并试图为这种计划可能产生的支持浪潮发挥政治力量。这正是威廉·贝弗里奇爵士正在尝试的。他的《自由社会里的充分就业》既是政治宣言,也是经济政策手册。它的出现与作者进入议会的时间相吻合,并与他先前关于社会保障的报告一起构成了他的行动纲领。

这并不是说威廉爵士不具备胜任这项任务的专门资格。但这些资格主要不是经济学家的资格。他本人是一位杰出的解释者,曾在伦敦的一份重要日报担任主笔作家,获得了热心读者的追捧;他也是一个成功的管理者,具有"挖掘"别人大脑的基本技能;他还是一名失业统计的敏锐学者,他召集了一批年轻的经济学家来协助编写本书中的理论部分。其优缺点都反映了这一起源。威廉爵士最擅长的是对一些并不总是被认可的重要事实的清晰阐述和强调,而他对政府机构变革的极大兴趣同样具有特色。

但威廉爵士的理论框架是凯恩斯勋爵的思想框架,主要是通过他年轻的弟子所看到的,并且主要是通过 A. H. 汉森教授(A. H. Hansen)的著作为美国读者所熟悉。威廉爵士的一位合作者 N. 卡尔多(N. Kaldor)似乎是一个非常巧妙的附录的作者,对于经济学家来说,附录是本书中最有趣的部分,并为本书提供了很多基础。

值得商榷的是,尝试将威廉爵士的特色观点与流行的凯恩斯主义相结合,是否使这本书更具价值,尽管这肯定会使许多年轻的经济学家接受它。尽管威廉爵士相信,他自己的方法与凯恩斯所做的"经济思想的革命"不是"矛盾的而是互补的",但该书仍存在许多矛盾之处尚未解决。威廉爵士最有价值的贡献之一是,例如,强调各行业以及各地之间失业程度的极端差异,对于需求的普遍不足而言,这无疑使人们对解释的充分性产生怀疑;然而,他全盘接受了需求不足理论。

同样重要的是,威廉爵士强调了在英国失业与对外贸易之间的紧密联系。然而,他的补救措施几乎完全是国内性的。的确,尽管他意识到了在战前几乎没有任何英国的进口可以被称为"奢侈品",但是他建议作为"减少进口和提高独立性的替代方案"的出路,因为"国际贸易的稳定性与其规模一样重要"。这位前自由贸易的倡导者走远了!

也许最令人惊讶的是，尽管威廉爵士承认"一项充分就业的支出政策，无论国家采取何种积极措施，都将无法解决失业……如果具有所有限制性趋势和过去习俗的和平的行业划分全面恢复"，这些因素在他对失业原因的诊断中都没有位置。我们不禁想知道，如果它们在分析中处于应有的位置，而不仅仅是被当作事后补充，那么作者将会得出什么结论。

威廉爵士的提议与英国就业政策白皮书之间的主要区别之一是：威廉爵士拒绝接受私人投资趋于波动这一事实，并且拒绝采取补偿性措施。作为一名彻头彻尾的计划者(这个词在现代意义上的意思)，他建议通过取消我们所知道的私人投资来解决这一难题，那就是使所有私人投资服从国家投资委员会的指导。主要是在这里必须引起忧虑——书名的后半部分旨在使我们放心。威廉爵士努力表明，尽管他希望实行一切控制措施，但是"基本自由"仍将得到保留。他认为，生产资料的私人所有权"在英国不是基本自由，因为只有很少一部分英国人正在享有和曾经享有这种自由"。

令人惊讶的是，他应该还不知道，私有生产资料之所以对大多数人来说很重要，并不是因为他们希望拥有这样的财产，而是因为只有这种私有制才能让他们选择相互竞争的雇主，并保护他们免受有史以来最彻底的垄断者的摆布。

无论威廉爵士的理论与当前的凯恩斯-汉森理论在细节点上的不同有多么有趣，关于他的书的最重要事实是，他发挥了他的威望来支持这一观点。如果他得出的所有结论不一定都遵循这一观点，则这些结论当然坚信最终需求的不足是周期性失业的主要原因。

该理论认为，随着就业的增加，创造出的新收入中将有一个逐渐增加的份额不会被花费掉，而是被储蓄下来。这表明，这必然迟早造成这样一种情况，即最终需求不足以使消费者财货以有利可图的价格从市场上退出。一个人可以承认最初的声明，但否认所声称的后果很可能随之而来。只有当额外产出所包含的消费者财货占总产出的比例很大时，从额外收入中储蓄下来的较大份额才必然导致最终需求不足。

然而，这种假设似乎非常不合理。威廉爵士，与所有其他研究这些问题的学者一起，强调在萧条时期，生产资本财货的行业的失业率要比其他行业大得多。充分就业的方法因此按比例增加了资本财货的产出，且该产出远多于消费者财货的产出。而且，如果额外收入储蓄下来的比例不超过较小收入储蓄下来的比例，则最终需求的增长将比消费者财货的供应快得多。

事实上，在复苏过程中从额外收入中节省下来的份额，似乎极不可能与资本财货形式的额外产出中的份额一样大。那么，过度储蓄和消费不足所导致的萧条会变成什么样呢？当然，我们可以假设，经济衰退中的投资下降**必然**是由于最终需求的最初不足。然而，这只是一个循环的推理。

因此，导致资本财货需求下降的原因必须在最终需求不足之外的其他地方寻找，甚至可能是过度的最终需求。所有时髦的补救办法，包括威廉爵士的在内，不仅没有触及问题的根源，甚至可能使问题更严重。当然，一旦最终需求萎缩到由于资本财货行业的广泛失业而导致的规模，就会引发紧缩的恶性循环。但关键的问题是，是什么导致了资本财货行业最初的衰退？

如果(很有可能如此)资本财货行业在突然繁荣时期倾向于过度增长,则所有最大限度地保持资本财货行业中的活动的尝试,都只会使不稳定的原因永远存在。

(评威廉·贝弗里奇爵士(后来为勋爵)的《自由社会里的充分就业》)

哈耶克的著作:给经济学家的书单

《货币理论与商业周期理论》

Geldtheorie und Konjunkturtheorie (Vienna and Leipzig: Holder-Pichler-Tempsky, 1929; England, 1933; Japan, 1935; Spain 1936)

《价格与生产》

Prices and Production (London: Routledge & Kegan Paul, 1931)

《货币理论与商业周期》

Monetary Theory and the Trade Cycle (London: Jonathan Cape, 1933)

《货币国家主义与国际稳定》

Monetary Nationalism and International Stability (Geneva: Universitaire de Hautes Etudes Internationales, 1937)

《利润、利息与投资》

Profits, Interest and Investment (London: Routledge & Kegan Paul, 1939)

《资本的纯理论》

The Pure Theory of Capital（London: Routledge & Kegan Paul, 1941）

《通往奴役之路》

The Road to Serfdom（London: Routledge & Kegan Paul, 1944）

《个人主义与经济秩序》

Individualism and Economic Order（London and Chicago: University of Chicago Press, 1948；Germany 1952）

《约翰·斯图亚特·穆勒和哈丽特·泰勒》

John Stuart Mill and Harriet Taylor（London and Chicago: University of Chicago Press, 1951）

《感觉的秩序》

The Sensory Order（London: Routledge & Kegan Paul, 1952）

《科学的反革命》

The Counter-Revolution of Science（Glencoe, Ill.: The Free Press, 1955）

《法治的政治理想》

The Political Ideal of the Rule of Law（Cairo: National Bank of Egypt, 1955）

《自由宪章》

The Constitution of Liberty（London: Routledge & Kegan Paul, 1960）

《哲学、政治学与经济学研究》

Studies in Philosophy, Politics and Economics (London: Routledge & Kegan Paul, 1967)

《法律、立法与自由》三卷本:卷一《规则与秩序》、卷二《社会正义的幻象》、卷三《自由社会的政治秩序》

Law, Legislation and Liberty, 3 vols. (London: Routledge & Kegan Paul): Vol. Ⅰ: *Rules and Order* (1973); Vol. Ⅱ: *The Mirage of Social Justice* (1976); Vol. Ⅲ: *The Political Order of a Free Society* (1979)

《哲学、政治学、经济学与观念史新研究》

New Studies in Philosophy, Politics, Economics and the History of Ideas (London: Routledge & Kegan Paul, 1978)